U0034875

# 化煞一本通

Chinese Exorcise Evil Spirits

懂化煞，就看這本書

命理大師

張清淵

# 自序

　　宋朝大儒朱熹曾提出：「統體一太極，物物一太極。」所以物物各有太極，因此每個吉祥物都有它獨立且各自不同的功能及效力，只要功能用對了，能對症下藥，就能夠將吉祥物的無形能量發揮出來，並藉而將無形的靈動力轉化來幫助人們趨吉避凶。

　　筆者以從事三十多年的五術經驗，對於吉祥物的使用方法有著深深的體悟，所謂有效的吉祥物，是必須經過勅

符、開光、加持的程序，並不是隨意在坊間購買回來的物品都具有功效及靈動力，往往讀者買來的物品只能算是一種裝飾品，徒具其形而無其靈，為了讓讀者能夠正確的使用鎮宅吉祥物，遂將三十年來對開運化煞文化的心得結晶編輯成冊。再加上紅螞蟻圖書公司及創辦人李錫東先生的鼎力支

持，終於讓本書得以問世。

　　近年來全球天候異常，天災地變頻傳，在這個地球環境磁場極度混亂不穩定的年代裡，因此應當先將自己的居家環境的磁場調整好，讓家中先能吸收到天地的靈氣，是一項很重要的事。

　　為了讓更廣大的讀者能夠輕鬆迅速的搞定化解陽宅的煞氣，所以筆者特別編寫了這本《化煞一本通》，希望各位讀者看完本書後能如易經所云：「與天

地合其德，與日月合其明， 與四時合其序，與鬼神合其吉凶。」而招吉納祥，避邪壓煞，事事平安如意。

謹識

**自序**

**第一章 吉祥物文化概說**

## 第二章 陽宅開運化煞實戰篇

第一章

# 吉祥物文化概說

# 文化是人類生活的精華累積

　　人類的生活方式即是文化的本質，依人類學者的說法，認為文化是指人類在生活上的共同活動所創造出來的所有產物，從科技、經濟、倫理、政治、民俗、藝術以至於宗教信仰，都是文化的創造來源，更是人類生活經驗的精華結晶。

　　中國人崇尚風水堪輿，舉凡住屋格局、坐向皆有一定格式。如居民遇有疾病災禍，往往歸因於屋宅相沖之說，為擋煞制沖，祈

求住宅平安，各式鎮宅避邪的器物、圖騰應運而生，這些生動的「避邪物」俗稱「厭勝物」，又稱為「禳鎮物」、「鎮物」、「鎮宅物」、「制煞物」、「化煞物」等等。

現代以琉璃精製的八卦獅咬劍來化煞避邪。

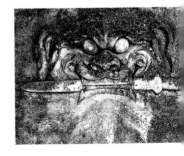

明朝鄭成功時期「獅」之祥瑞圖像已然成形，而歷經清朝到日據時代的演變，懸掛劍獅來驅邪避煞已經是安平地區非常普遍的民俗文化。

# 厭勝物是為厭
# 而勝之壓伏制勝

　　厭勝的意思是「厭而勝之，壓伏制勝。」
是使用法術或祈禱以驅邪的儀式達到避邪制
煞的目的，此外避邪制煞的物品就叫「厭勝
物」，其實我們平常生活中也能時常見到一
些厭勝物，像雕刻的桃版、桃人、八卦牌、
獸牌、刀劍、門神、神獸等等。

　　厭勝物一詞反映出人們因厭惡、討厭、
懼怕之情緒而產生壓煞制勝的行動，所以厭
勝物及吉祥物是把不利人居的煞氣，改變成

對我們有用的磁場，這就是道家的最高法門

「化煞為權，藉權為用。」

桃符是在桃木上題上神荼、鬱壘的名字，於除夕掛在大門
兩旁，以壓邪祛鬼。

# 人心趨吉是
# 吉祥文化的起源

　　吉祥這個詞彙代表吉利與祥和，《莊子
人間世》：「虛室生白，吉祥止止。」成玄
英疏：「吉者，福善之事；祥者，嘉慶之徵。」
《說文》曰：「吉，善也；祥，福
也。」《釋名》曰：「吉，
實也，有善實也。羊，

現代琉璃麒麟送子之樣式，《拾
遺記》中描述，孔子誕生之前，
有麒麟吐玉書於其家院，這個典
故成為麒麟送子、麒麟開智慧、
玉書麒麟、麒麟送貴的來源。

祥也，祥善也。」吉祥就是人類內心盼望人生平安、幸福、美滿、如意的願望。每個人都想追求吉祥、趨吉避凶，所以吉祥符號、吉祥物、吉祥圖案，都是人類依照生活經驗法則，創造出來藉以傳達心聲的工具，人們透過它們進而達到改變氣場、增強運勢、避邪趨福、使事物朝著有利於人類幸福生活的方向進步。

「麟送貴子」或「麒麟送子」是古代吉祥文化中祈子法的一種。傳說麒麟是仁獸，是祥瑞的象徵，能為人們帶來子嗣。

# 吉祥物需對症下藥
# 方能藥到病除

　　正統的吉祥物，配合命理及風水學的原理透過陽宅或個人使用，以懸掛、置放、攜帶吉祥物的方式來達到健康平安、避煞驅邪趨吉等方面的效果。其實，吉祥物文化就像是醫生替病人看病的藥材，診斷出病因之後必需對症下藥方能藥到病除。所以一件件的吉祥物，就像藥舖中陳列的一味一味的中藥材一般，可以化解人們改變命運消災解厄的各種需求，例如：求財有金蟾、聚寶盆⋯⋯

等等，求健康有葫蘆、佛基、福祿壽三星……等等，求智慧的有魁星踢斗、文昌塔、文昌筆、玉書麒麟……等等，求姻緣的有龍鳳杯、愛神等等，白虎高壓可以用龍山加綠色植物來化解。

張清淵大師以玄空大卦及奇門天星擇日法來佈局與諏選良辰吉日，並以正統道脈相傳之道法為「龍泉獅吼許願池」移龍轉脈，將無形及有形的靈動力結合在一起，發揮出至高靈動力。

風水學很重視納旺氣、避煞氣，講究的是趨吉避凶，若是住宅有太多煞氣，住在裡面的人，運勢自然會比較低落，而且往往會生病，影響到身心的健康，若是犯了嚴重的風水煞氣，還可能因此受傷，產生血光之災或無妄之災，所以平常就要多注意家中的人是否有經常生病，或是常發生意外之災，也許就是陽宅風水遭受煞氣的影響，必須要盡快改善，若是能將制煞物結合吉祥物來趨吉避凶，開運旺宅，必能讓您家宅安康，財丁兩旺。

# 吉祥物的靈動力
# 來自於正確的開光程序

　　一般人隨意在坊間購買回來的物品，只能算是一種裝飾品，並無任何靈動力，您可以實證去訪問您的親朋好友或左鄰右舍看看，他們在市面上隨興購買那些不經過加持、開光、請神回來的鎮宅吉祥物，有任何靈動力？他們的運勢有沒有改善？如果沒有的話，它只是裝飾品而已，因此不用花那些比市面上高很多的價錢，來買普普通通的裝飾品，您說是嗎？

　　有功效的吉祥物必須依據您的出生年月

日時及家宅的坐向之方位，以天星奇門遁甲配合您紫微斗數與八字命盤，來選擇黃道吉日，並聘請道德崇高、經驗豐富、功力及法力高深的法師，來為您的鎮宅吉祥物請神、持齋、唸誦經文及勅符咒，並以正統道脈相傳之開光、點眼、加持，這樣吉祥化煞品才能藉天地之靈氣、日月之精華，開啟吉祥物潛藏的最佳靈動力，以達神速且有效應的鎮宅及壓煞驅邪，並使財源廣進，好運到來。

　　要將吉祥化煞品請回家安放時，還需要配合個人八字、房屋坐向然後以天星奇門遁甲之術，配合您紫微斗數與八字命盤來選擇良辰吉日與安奉方位，如此，方告大成。

　　這樣的過程就好比家中供奉之神佛；或寺廟中所供奉之神佛；每逢佳節慶典之日的

舞獅舞龍；或是端午節的龍舟，都必定經過德高望重的人來執行點眼儀式，並經過法師誦經、勅符、請神、加持、開光、點眼等科儀之後，如此才能使神佛之神威靈赫展現出來，而達到神光普照、佛法濟世、佑人平安的功效。

張清淵大師以正統道脈相傳之道法為吉祥物開光、點眼、加持。

# 天地人三才合一才能讓吉祥物發揮最大效力

　　擇日造課之法猶如人之再次改運造命，而且本命與風水地脈吉地和天星射入的角度做一個結合，而產生的共構，使天地人三才合一涵融為一體的法門，是為上乘天之日時，下擇地之方向，進而奪日月之光，如晉郭璞景純先賢曰：「天光下臨，地德上載，藏神合朔，神迎鬼避。」此為先賢對擇日學之妙用與功能之釋述，古書亦云：「地靈鍾山川

之氣，佳期奪日月之光。」

由此可見擇日學與人謀營之吉凶好壞的關係是密不可分，故而吉祥物若能配合天星奇門遁甲之術來擇日安放，就能收到招吉納祥的最佳無形的靈動力，這個道理簡單來說就是選擇好的時間與對的地點，放到對的東西，這樣就能夠得到最大的效力。

# 吉祥物的能量
# 與材質的優劣有關

## 1、琉璃

被譽為中國五大名器之首和佛家七寶之冠，也是道教貢神之寶物，琉璃特性 有如火山爆發之強大能量，所以琉璃的能量具有散發快速又強勁之特性。

## 2、玉石

乃天然之寶物，傳說可通人性，但是其品質之好壞有天壤之別，需要收藏者用心愛

護它、接觸它才能產生出綿綿不絕的靈動力，倘若收藏者沒有接觸玉石時，其散發出的力量就微乎其微。

## 3、水晶

是寶石其能量快速，但是天然水晶之質地優劣參差不齊，若非內行人士實難立即辨別出水晶之優劣。

## 4、木雕

因為植物容易且快速的接收到天然氣場與氣候遞演變化之氣息，故木雕是最能夠將自然界之能量反映出來，其能量是屬於緩慢的具有向四面八方放射而出的能量場。

## 5、銅器

銅器自上古商周時期便是貴族專享之器皿，承擔著禮制表徵以及顯赫地位之作用，延續數千年歷朝不衰，一直是國家棟樑之象徵，常被稱為國之重器以及祭祀禮器，銅器也具有避邪之作用。

## 6、陶瓷

陶與瓷兩者均由結晶態物質、玻璃態物質和氣泡三種成分組成，陶與瓷的區別在於原料土的不同和溫度的不同，陶瓷應用在生活當中十分廣泛，舉凡如餐具、茶具、缸、盆、罐、碗、花瓶、雕塑品、壁畫、工業陶瓷、建築磚瓦、無線電用絕緣子等。但是陶

瓷應用在神佛雕塑上當擺設藝術品雖是相當精美，若是要安奉朝拜者，最好不要使用陶瓷器的材質，因為陶瓷器的原料本為土，而俗語說：「泥菩薩過江，自身難保。」再加上陶瓷神佛其心中空，試問無心的神佛，自身都難保了，又怎能護佑人們呢？

## 7、珊瑚

　　珊瑚是佛家七寶之一，珊瑚與珍珠、琥珀並列為三大有機寶石，自古即被視為富貴祥瑞之物，是最佳的神佛貢品。天然紅珊瑚是由珊瑚蟲堆積而成，生長極緩慢，不可再生，而紅珊瑚只生長在三大海峽（臺灣海峽、日本海峽、波羅的海），受到海域的限制，所以紅珊瑚極為珍貴。

# 第二章

# 陽宅開運化煞
# 實戰篇

# 1、先天八卦牌

　　先天八卦牌是利用八卦所代表的八種宇
宙元素與自然的力量來化解煞氣，傳統上會

將八卦牌安置於大廳的門楣上，做為鎮宅化煞之用。陽宅風水若發生路沖、柱沖、宅沖等沖射的煞忌時，或住宅被大樹或電線桿相交對沖時，可以安置先天八卦牌做為化煞方法，進而達到闔家平安、居家和樂的作用。

## 化煞方式：

### 電線桿對沖住宅易發生意外災厄

凡是住宅被大樹或電線桿相交對沖著的話，易使子孫怯弱或發生意外災厄。

1、最好將大樹或電線桿移往他處，也可以種植一排植栽來檔煞氣。

2、在屋宅被對沖之處擇一吉時良辰，
　安置經開光、加持之先天八卦牌來
　化解煞氣。

3、可以放置萬靈化煞千層斬刀鏡來化解。

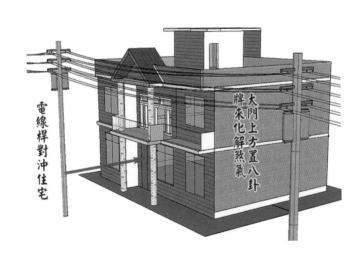

電線桿對沖住宅

大門上方置八卦牌來化解煞氣

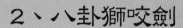

# 2、八卦獅咬劍

## 化煞效果：

　　八卦獅咬劍具有化解風煞與鎮宅保平安的功能，能化解飛簷煞、壁刀煞、鋸齒煞、弓箭煞、陰煞、路箭、橋箭、山箭等陽宅煞氣，除了化煞的功能外，還有旺財、防小人、化解口舌是非、增強能量氣勢及招財納福的靈動力。

## 化煞方式：

飛簷煞沖射易有血光之災

屋宅四周圍被廟宇的飛簷沖射，會造成家宅成員易遭受血光之災、開刀、意外災禍、陰症。

飛簷煞

1、放置 3D 立體山海鎮及八卦獅咬劍，
　　需對準飛簷沖射之處。

2、置放萬靈化煞千層斬刀鏡，以斬斷
　　飛簷於無形當中。

3、懸掛八仙綵及放置福祿壽三仙，或
　　五行五靈圖以麒麟居中而臨制四方
　　來化解飛簷煞的沖射。

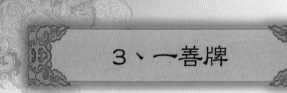

# 3、一善牌

**化煞效果:**

俗語說:「一善破九煞,一善消百惡。」

古代富貴人家若是無需祈求財富之時，會希望透過行善來鎮煞以及添福增壽，這是「一善牌」的立意初衷。一善牌與泰山石敢當、姜太公在此之刻石有相似的功用，可以達到護宅化煞、避邪除陰，還可以化解半邊屋及鄰樹沖射大門等煞氣。

## 化煞方式：

### 半邊屋易導致家運落敗

1、半邊屋可以照魯班經上所言，安上「一善牌」後，能保家宅、求平安。

2、《魯班經》載曰：「擇農曆四月初八日，用佛馬（又稱神禡、菩薩紙、

鎮宅符）淨水化紙畢，辰時釘釘時，需要人看待，旁人有視此者藉其言曰一善，能消除百惡，若旁人不說則先使親友來說，釘此一善需要顯眼處。」

# 4、山海鎮古今不同

## 化煞效果：

　　安置「山海鎮」可以避制無形之煞氣及

沖害，主要是藉助「山海鎮」內的山、海及

太極、八卦、日、月星體及道家所傳靈驗之鎮宅平安、招財納寶、百無禁忌、制煞之符咒，來鎮住門前對風水不利而且是有害的沖煞物。山海鎮可以鎮宅壓煞，可以化解割腳煞、牽牛煞、大門對鄰居大門、天斬煞（風斬煞）、剪刀煞、飛簷煞、壁刀煞、凹風煞、鋸齒煞、沖天煞、路沖、反弓煞、天橋口沖射等形煞沖害。

## 化煞方式：

### 天橋口沖射輕則破財，重則有倒閉危機

天橋口直沖商家或者對商家呈現出反弓，輕則破財，嚴重則公司會結束營業。

1、放置 3D 立體山海鎮或石敢當化解。

2、栽植一排植物盆景用以化解煞氣。

# 5、石獅子

## 化煞效果：

　　石獅子在風水上的作用很大，中華傳統文化中視為靈獸，舉凡官府、衙門、寺廟、宮殿，大門兩旁都會放一對石獅子，象徵威嚴不可侵犯，有安定四方之意，並帶來避邪降福及事事（獅獅之諧音）如意的作

用。石獅子可制陰煞、陰陽調和、吉祥威嚴、安定四方、避邪降福。

## 化煞方式：

廟前按放石獅子，鎮廟化煞增添吉祥

1、青斗石雕的石獅子可制陰煞、流年三煞、五黃煞，使屋宅陰陽調和、吉祥威嚴、安定四方、避邪降福。

2、石獅子可擋住門前強大的煞氣，但必須一雌一雄，彼此回顧對方，稱為「好面相看」，僅安放一隻會落得孤寂不安。放置石獅子獅頭必須朝向屋外，避免讓屋宅帶來凶煞，因為回頭獅會反傷到自己。

# 6、風獅爺

## 化煞效果：

金門的風獅爺用來鎮風止煞，祈祥求福，金門人視之為村落的守護神，風獅爺能鎮壓厲鬼，防止妖魔作祟，還能鎮水箭防止水鬼作祟，保住錢財不被水患帶走。

## 化煞方式：

### 迴風反氣易漏財又傷丁

屋宅之一方有高樓大廈，則氣於其方被障阻而反旋沖向我宅來，此謂之「迴風反氣」，氣旋自高及下則吉凶愈速。

迴風反氣

1、可以安置風獅爺面對反旋沖向我宅
的位置來鎮風止煞。

2、也可以安置 3D 立體山海鎮及一對九
頭靈獅或石敢當來化解煞氣，因虎
從風而九頭靈獅或風獅爺及老虎皆
屬大型貓科動物，所以可以制風斬
煞。

# 7、九頭靈獅

## 化煞效果：

　　九頭靈獅是剛柔並濟、日月合照、威武、果決、明斷、智慧、專心的象徵。能將煞氣轉化為權勢的靈動力，再將權勢的靈動力化為本身之所用，能壓退一切凶惡之煞，化解一切不正之邪，除去所有陰穢

不潔之氣，煉化一切凶神惡鬼，可將祥瑞神聖吉祥之氣引進家宅，常保宅安人慶，還可以化解流年九宮太歲、三煞及壓制五黃煞。

## 化煞方式：

陽宅風斬煞需防血光疾病和官符是非

風斬煞如刀劈 貫入對面屋宅

凡犯風斬煞（天斬煞），會容易遭受血光之災、官非、事業失敗、疾病纏身及財帛損耗。

1、在兩棟建築物中間的隙縫以為遮擋，使之無空隙則可化解。

2、放置 3D 立體山海鎮或一對琉璃精製之九頭靈獅或石敢當或風獅爺可以制風斬煞。

3、在面對風斬煞的屋前設置一水池或大型滾滾財源及石敢當和九頭靈獅可化解，因風界水則止，這是陽宅風水的無上心法，配合玄空大卦及奇門天星擇日法。

# 8、小桃木六帝
## 古錢獅咬劍風鈴

## 化煞效果：

小桃木六帝古錢獅咬劍風鈴具有化解口舌是非及旺財的功能。可以化解廉貞煞、牽牛煞、房門對房門、拱門煞氣、房門對廁所門、房門對廚房門、神明堂與浴廁門沖射等屋宅煞氣。

## 化煞方式：

### 房門對房門口舌是非多

1、房門對房門可以用小桃木六帝古錢
獅咬劍風鈴，吊掛在兩邊的房門上
來化解煞氣。

2、小桃木六帝古錢獅咬劍風鈴要經有
法力高深的法師請神、加持、開光
及玉宸齋特製的中藥淨香末來淨
旺，以加強它的靈動力，讓它效應
更神速。

房門對房門

掛在門把上

# 9、避邪貔貅

## 化煞效果：

貔貅神獸最大的功能不是旺財而是避邪，貔貅必須要有聚寶盆來配合，方能達到聚財、旺財之功效。

用貔貅來鎮宅擋煞其威力是毋庸置疑的，貔貅在風水上最善化解五黃煞、天斬煞、穿心煞、鐮刀煞、屋角煞、刀煞、白虎煞、二黑

病符星、陰氣煞（如墳場、廟宇、鬧鬼地方）、
預防六畜瘟疫、流年煞方。

## 化煞方式：

### 住宅面對空屋易引陰森之氣入襲

住宅面對空屋、建築物的半成品，有如
面對黑洞，容易引陰氣入襲。

1、空屋冷冷清清，可置避邪貔貅以面
　　對之，可增加陽氣，使陰邪不侵，
　　甚至在外若沖煞到或卡到陰，一旦
　　回家入門，附身陰煞見到貔貅神獸
　　也會立即逃之夭夭。

2、可安奉八仙綵（彩）及琉璃精製之
　　福祿壽三仙來面對空屋，以化解空
　　屋之蕭條陰森之氣。

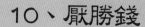

# 10、厭勝錢

## 化煞效果：

厭勝錢也叫做壓勝錢，厭勝錢主要是壓邪攘災和喜慶祈福兩大類。近代厭勝錢所指的範圍越來越廣，諸如開爐、鎮庫、饋贈、賞賜、祝福、避災、占卜、玩賞、配飾、生肖開運等等，都可以鑄厭勝錢來開運化煞。

## 化煞方式：

### 屋上的金錢輪有如財源滾滾而來

1、厭勝錢中間有一個方孔，與外廓相對照，叫做「天圓地方」，用在陽宅可以增添宇宙自然和諧之氣，使宅氣陰陽和諧。

2、山牆上裝飾金錢輪可以增添招財進寶的吉慶氣氛，而在外框加上輪子，則代表「財源滾滾」而來的意思，也是好的吉兆。

# 11、六帝錢

## 化煞效果：

六帝錢可以化解一般之門煞，六帝之名諱如皇帝之號召向心力，使之六神有主而君威臨制八方，六帝錢可以

化解陰邪，以及不正混雜之氣場，在理氣方面所犯的煞，使用六帝錢也能化解，如房間之小門或大門犯流年流月的二黑、五黃煞時，必主疾病，安置六帝錢便可以趨吉避凶。

## 化煞方式：

拱門煞氣導致財運不興、裡外不和

家中有拱門或拱窗主退運，屋內人員容易財運不興、裡外不和、人事不和諧，凡事

眼高手低、目空一切、驕傲待人。

1、應請木工修平，或暫於拱門或拱窗
背後兩邊各掛一串六帝古錢化解煞
氣。

2、還可安放龍龜在拱門之兩旁來化解
拱門或拱窗的煞氣。

# 12、龍銀元

## 開運效果：

　　龍銀元可以帶來聚財、生財、旺財、借運、催貴、旺商、旺宅、改善居家磁場之無形靈動力。當一個人感到缺乏助力時，便可利用龍來求取改運，為事業及人生際遇挽回頹勢，當您遇到困難挫折時，能得到貴人鼎力相助，可以得到事半功倍之效的靈動力。

## 開運方式：

### 龍銀元為發財生財之錢母

1、龍銀元發財錢母是以古龍銀元為主體，象徵錢滾錢如錢母生錢子，如金雞母生金雞蛋，再加上財神爺的護佑，可招財富源源不絕之靈動力。

2、龍銀元發財錢母需經法力高深的法師請神、加持、開光過，再使用符令及玉宸齋特製的中藥淨香末來淨旺，以加強它的靈動力，讓它效應更神速。

龍銀元為發財生財錢母

## 13、七星打劫二十四方位旺財
## 古帝王錢風鈴

### 開運化煞效果：

　　七星打劫二十四方位旺財古帝王錢風鈴乃是應用地理風水之七星打劫秘法，配合二十四個古帝王錢及七個風鈴之靈氣，經過法師開光、點眼、加持、唸咒、請神，以藉吊天上星光照臨，可以改變您居家之不良的氣場，使之由弱轉強，由衰轉

旺，讓您居家環境的磁力場能夠生旺而生生不息，使您財源廣進、事業興隆、闔家平安。

## 開運化煞方式：

### 七星打劫催旺財氣法

1、將七星打劫二十四方位旺財古帝王錢風鈴放在屋宅中央之處，可以催旺財氣，使正財興旺。

2、必須經過法師之開光、點眼、加持、唸咒、請神，以藉吊天上之星光的照臨。

懸掛在屋宅中央之處

# 14、山牆上的瓦鎮

## 化煞效果：

中國傳統建築的山牆（指房屋側牆）頂端上都會設置一個鎮宅的裝飾物，瓦鎮是一般平民的屋宅所使用，瓦是壓瓦，鎮是鎮邪，與日式屋頂的鬼瓦有異曲同工之妙，讓「凶」、「煞」

見到便害怕逃走。傳統習俗上瓦鎮具有解厄制化之功，可剋制屋宅周遭煞方的凶神惡煞。

## 化煞方式：

煞方惡煞導致家宅不寧

1、如將瓦鎮朝北方，則可剋來自北方的凶神惡煞，朝西北則可制西北方之凶神惡煞。

2、傳統建築之瓦鎮能鎮邪驅煞，讓凶煞無法入宅。

北方有煞氣

瓦鎮朝向北方

# 15、五脊六獸

中國傳統的大型建築，如宮殿、廟宇、府邸其屋頂上有脊五條，四角各有六獸踞蹲，正脊兩端有龍吻，又叫吞獸，統稱「五脊六獸」，有了這些神獸鎮脊能夠避火消災，以達避邪鎮物之使命。

72

## 化煞方式:

五脊六獸能避火消災

1、廟宇、牌樓若以神獸鎮脊能夠避火消災。

2、廟宇、牌樓落成開幕必須先要擇日及開光、點眼、加持等宗教儀式,就可以發揮避邪除陰、避火消災的作用。

五脊六獸避火

# 16、澎湖三仙塔

澎湖西嶼鄉外垵村東、西側山頂，各建三仙塔來化煞納吉，同時具有福祿壽三仙護佑之意涵及功效，這兩座三仙塔除了有傳統石敢當鎮風止煞的功能外，最主要是要化解村莊容易損丁的風水地理，進而添丁進財的化煞添福之功用，演變至今有許多想要添子添

丁的遊客也會到此拜拜，祈求添丁旺財，夫妻白頭偕老。

## 化煞方式：

三仙塔保佑村民男女齊壽白頭偕老

本圖為西塔的正塔中嵌入的符咒石碑，刻有「玉皇大帝勅令溫府王爺添丁進財鎮煞，合境平安」之符令，而東三仙塔上的石碑符令上則寫「玉皇大帝勅令五府千歲合境平安鎮煞」。

第

# 17、福祿壽三仙

## 化煞效果：

　　擺放琉璃福祿壽三仙對求取功名利祿、升官發財以及求取富貴福吉、身體健康、福壽綿延有著非常顯著的功效。福祿壽三仙可以化解藥罐煞、棺材煞、陰煞、空屋陰森之氣等屋宅煞氣。

## 化煞方式：

### 陰煞讓您衰運連連、暗疾纏身

選擇住宅近墳場、殯儀館、醫院等陰煞之地，犯之主宅內人多暗病、運氣差、常作噩夢。

1、若是來自外界的陰煞，在家中安放福祿壽三仙，可以化其凶氣。

2、可安放九頭靈獅一對，用以化解陰煞。

# 18、福祿壽喜

## 化煞效果：

家中擺放福祿壽喜可以增進身體健康，化解病符煞氣還可以招貴人，避小人是非，增添官位升遷的貴氣。

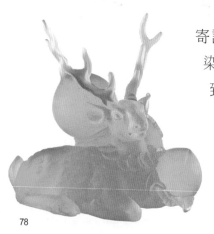

福祿壽喜可用來寄託美好願望，感染喜慶氣氛、祈福致祥、加官進爵、財運亨通、平安健康的靈動力。

## 開運化煞方式：

福祿壽喜招貴人保平安法

1、放在家中神位兩旁，可增加福氣、
   貴氣。

2、放在客廳之吉祥方位，可增進福氣
   吉事、財運、官位升遷、長壽平安，
   與福祿壽三仙有異曲同工之妙。

# 19、符咒碑

## 化煞效果：

　　符咒碑是鎮壓凶地之物，凡巷陌、地沼、三叉路口、橋頭、沿海、山區、凶宅等地，人們皆以符咒碑或石敢當做為避邪、壓風、平浪、制煞之用。

## 化煞方式：

村莊入口鎮風止煞護佑平安

澎湖縣白沙鄉講美村村民所立之符咒碑，置於村莊入口，是龍德宮以主神玉皇公主配合中營元帥哪吒三太子，豎碑用以鎮風止煞。

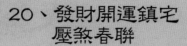

# 20、發財開運鎮宅壓煞春聯

## 化煞效果：

　　發財開運鎮宅壓煞春聯傳承了宜春帖、桃符、符咒碑、延祥詩的文化傳統，能夠迎春納福、吉祥如意，表現出新年的喜慶及祝福的意義，還能發揮出如桃符般的壓邪祛鬼、驅魔鎮宅的靈動力。

## 開運化煞方式：

### 迎春開運護佑平安

發財開運鎮宅壓煞春聯由張清淵大師親自書符，其靈符能招貴人扶助、發財開運、納福鎮宅、八節有慶、壓退五方十路凶神惡煞，祈福您在新的一年之中能事事順心、平安如意、大發利市。

# 21、竹符

## 化煞效果：

　　「竹符」是直接畫符在竹子上，由於竹符乃承上天封准而立，故其作用有點神兵、馭天將的權力，以此權力可增添上天護法及巡狩的效力，發揮抵制惡煞、剋制天災地變、防六畜瘟疫、驅疫禳災、制沖鎮煞、保佑各境平安。

## 化煞方式：

竹符防止六畜瘟疫禳災鎮煞

1、五營將軍的竹符，通常為三根或五根，上面書寫「○勒令○方○元帥安鎮」，頂端再以紅布或金紙包紮，其符令是當地土神令天兵天將來安

置，並可指揮調度營頭的兵馬，其賦有化煞的靈動力。

2、竹符須由法師在竹上畫上符文，並舉行「勅符」儀式，使其具有「千軍萬馬」的神力。

3、五營將軍的竹符主要是鎮守家宅及村莊平安，防六畜瘟疫，驅邪禳災，保佑各境平安。

# 22、泰山石敢當

## 化煞效果：

石敢當起源於中國道教思想，而中國東嶽泰山雄偉富有神氣，被認為有法力無邊的山神，可鎮壓任何厲鬼，永不得逃逸，石敢當主要功能為驅邪壓煞，可鎮百鬼壓災殃。凡巷陌、橋道直沖人家住宅、風斬煞、剪刀煞、凹風煞等煞氣皆可用石敢當來化解。

## 化煞方式：

### 巷道沖煞造成破財傷身的危機

1、《魯班經》所記：「凡鑿石敢當須擇冬至後甲辰、丙辰、戊辰、庚辰、壬辰、甲寅、丙寅、戊寅、庚寅、壬寅此十日乃龍虎日，用之吉，除夕夜用生肉三片祭之，新正寅時立於門首，莫與外人見，凡有巷道來沖者，用此石敢當。」

2、巷道沖煞除了可用石敢當鎮煞之外，還可以在屋宅沖煞之處，栽植一排植物盆景以化解沖射的煞氣。

# 23、刀劍屏及刀劍門

## 化煞效果：

　　刀劍屏通常使用的兵器有刀、劍、斧、戟、矛等，一般擺在正廳外正前方，靠圍牆

朝外避煞　朝內福吉

大門處，一則可遮擋視線分隔空間，一則可為避邪納福。刀劍屏及刀劍門因刀劍具有防衛和殺傷之力，可防鬼怪入侵，也可阻嚇宵小、惡人的為害。

## 化煞方式：

## 防止住宅招惹陰氣及宵小為害

1、刀劍門（屏）可避陰邪，形式簡單，但在防範邪煞的態度上顯得較照壁強硬。

2、刀劍門（屏）架設必須先要擇日，再備好三牲酒禮、水果和玉宸齋上等中藥精製香品，再經法師的請神及開光、點眼、加持等宗教儀式，就可以發揮其避邪除陰的作用。

3、刀劍屏及刀劍門讓人在門外一見，難免會心驚肉跳，所以今日已式微。

# 24、照牆

## 化煞效果：

　　照牆又稱照壁，具有防禦、掩蔽、防風、制煞、添祥瑞的多重意義，照牆最主要用在路沖或宅沖、廟宇沖、廁所沖、糞堆沖等，並可阻擋鬼怪魍魅之侵或災禍之擾。

## 化煞方式：

孔廟必備的萬仞宮牆

1、「萬仞宮牆」是孔廟必備的照牆形
　　式，寓意孔子學問及道德高深，若
　　要求取上進，並無捷徑，唯有進學
　　校潛心修習，才能窺其堂奧。

2、臺北孔廟的萬仞宮牆內側彩繪了一
　隻麒麟，麒麟腳踏書卷、葫蘆、牛
　角印章、玉如意四大寶物，象徵書
　讀萬卷、福祿雙全、升官掌印、事
　事如意，祝願將來必為狀元之才。

# 25、吉祥瑞獸：麒麟

## 典故：

　　麒麟是四靈之一，為傳說中的仁瑞獸，麒麟是正義而充滿慈祥的，麒麟特別喜歡有

德行的君王，所謂：「王者至，仁則出。」麒麟含仁懷義，音中律名，行步折旋皆中規矩，擇土而後踏，不踩任何活物，連青草也不踐踏，牠與頭頂上的角一起被看作是美德的象徵，麒麟也為送子神物。

　　相傳孔子就是麒麟送來的，玉書麒麟的典故就是來自孔子。

# 26、火焰麒麟

**化煞效果：**

　　擺設麒麟可以改變各種運程，麒麟還可以化白虎煞、刀煞、鐮刀煞、面對風化區住

宅、基地或屋形左長右短、廉貞煞、住宅青龍方延伸違建、流年三煞及五黃煞、尖角煞、穿心煞等。

　　中國傳統文化中，青龍、白虎、朱雀、玄武是為四象、四靈、二十八星宿，分別代表東、西、南、北四個方向。中國傳統方位是以南方在上方，所以常會說左青龍（東方）、右白虎（西方）、前朱雀（南方）、後玄武（北方）來表示。

　　在風水學中，將住宅的西方或右方稱為白虎方，此方位如有凶煞則主遭口舌是非，重則有車禍、刑傷、官非、牢獄、病痛等災禍。

## 化煞方式：

### 白虎開口產生官符小人的危機

1、家宅門口的右前方（白虎方）有建築物，其形態如老虎張口之象，易發生受傷、意外、官符小人、血光破財。

2、選擇吉日，在面向虎口的方位放一對火焰麒麟或九頭靈獅，因火可剋白虎金，加上麒麟可壓制化解白虎煞氣及增添祥瑞。

# 27、飛天麒麟

## 化煞效果：

擺設麒麟可以改變各種運程，麒麟可以化白虎煞、刀煞、鐮刀煞、面對風化區住宅、基地或屋形左長右短、廉貞煞、住宅青龍方延伸違建、流年三煞及五黃煞、尖角煞、穿心煞、小巷沖射等屋宅煞氣等。

## 化煞方式：

### 屋形如鳥籠小心牢獄之災找上門

屋宅形如鳥籠又如鐵絲網罩住，一般陽宅易有牢獄之災。

1、若是住於此房，則以三十六計走為上策或是把所有如鐵絲網的鐵窗拆除。

2、若是在正對門口或窗口，就以飛天麒麟化解，或放置剪刀形之吉祥物，以剪開牢籠。

# 28、玉書麒麟

　　據傳孔子為麒麟所送，孔子出生之前有一麒麟到家中口吐玉書，玉書中記載著孔子的一生命運，這是玉書麒麟的典故，家中書房擺放玉書麒麟能增進學子讀書學習及開智慧的無形靈動力。

## 開運方式：

### 玉書麒麟開智慧法

1、必須先請功力深厚且有經驗的法師
　　為您的琉璃精製玉書麒麟做開光、
　　點眼及請神、加持才會有靈動力的
　　產生。

2、以房屋的坐向配合擺放之人的八字
　　請地理師或命理師以奇門遁甲之術
　　為您佈局與諏選良辰吉日並判定文
　　昌位的位置，然後以此為書房以便
　　擺放開運吉祥物。

3、文昌位擺放玉書麒麟不但可以增進
　　學生學習及開智慧的靈動力，還具
　　有旺官運助升遷的巧效。

# 29、金門文臺寶塔

## 開運效果：

文臺寶塔朝著金門城的那一面，刻有魁星踢斗的石雕及奎星聳照四字，所以文臺寶塔  既是船隻的航海指標，同時也是祈求金門人

才輩出的風水文昌塔。文昌寶塔在風水中有助於科場考試、人際溝通和激發讀書者的上進心以及事業升遷。

## 開運方式：

**陽宅風水開智慧試場官運兩如意**

1、必須先請功力深厚且有經驗的法師
　　為您的文昌筆、鰲魚筆筒、文昌塔

或魁星踢斗、玉書麒麟做開光、點眼及請神、加持才會有靈動力的產生。

2、以房屋的坐向配合擺放之人的八字，請地理師或命理師以奇門遁甲之術為您佈局與諏選良辰吉日並判定文昌位的位置，然後以此為書房以便擺放開運吉祥物，如此才能得到開啟智慧、旺官運的功效。

# 30、魁星踢斗

## 開運效果：

魁星爺主文運，左手拿著硯墨，右手握硃筆，一足踏鰲首，一腳踢著星斗，正是一筆點開天下事、七星照盡古今書，所以魁星踢斗特別利於文職人士及讀書士子，擺放於家宅中文昌位、書桌上，用以發揮「文昌」

氣數之靈動力，助使讀書專心、頭腦敏捷、文思泉湧，讓考運亨通、金榜題名。

## 開運方式：

### 魁星踢斗考運亨通法

1、必須先請功力深厚且有經驗的法師為您的琉璃精製魁星踢斗開光、點眼及請神、加持才會有靈動力的產

生。

2、以房屋的坐向配合擺放之人的八字，請地理師或命理師以奇門遁甲之術為您佈局與諏選良辰吉日並判定文昌位的位置，然後以此為書房以便擺放開運吉祥物，如此才能得到開啟智慧、旺官運的功效。

# 31、鰲魚

**化煞效果：**

　　鰲魚有鎮宅解厄及壓煞避陰邪之功，鰲魚用於傳統建築，可令其壓制火神。鰲魚擺放於家宅中文昌位、書桌上，可以增強考運及各類比賽競技之運勢。

## 開運方式：

### 獨佔鰲頭百戰百勝法

1、可擺放於家宅中文昌位或書桌，加強「文昌」氣數之靈動力，使頭腦敏捷、文思泉湧，增加讀書智慧及效果。

2、必須先請功力深厚且有經驗的法師為您的琉璃精製獨佔鰲頭開光、點眼及請神、加持才會有靈動力的產生。

# 32、鰲魚筆筒

## 化煞效果：

在科舉時代，無論文、武，唯能狀元及第，方能適稱「獨佔鰲頭」求取功名，鰲魚筆筒可擺放於家宅中文昌位、書桌上，用以發揮「文昌」氣數之靈動力，助使讀書專心、頭腦敏捷、文思泉湧，讓考運亨通、金榜題名。

## 開運方式：

### 狀元及第考運亨通法

1、可擺放於家宅中文昌位或書桌，加
　　強「文昌」氣數之靈動力，使頭腦
　　敏捷、文思泉湧，增加讀書智慧及
　　效果。

2、將一錠墨、一支毛筆及魁星符令一
　　張放入紅包袋中，紅包袋上寫上「富

墨筆　紅包袋　富貴榮華金階立　鰲魚筆筒

貴榮華金階立」等字，然後放在書桌或辦公桌的抽屜中，再加上鰲魚筆筒，可以助旺升官發財的無形靈動力。

家宅中文昌位

# 33、八仙綵（彩）

## 化煞效果：

八仙綵又稱為八仙彩，傳統習俗中會在屋簷下或門斗上方安上八仙綵，可以化解門前眾煞侵犯，並可招來吉祥喜悅之氣息，八仙是代表不論男女老幼，富貴祥和，在人間

可以八方圓滿，象徵吉祥瑞兆，八仙綵還可以化解屋外的棺材煞、曲高和寡之煞、對無人居住之破舊空屋的陰煞。

## 化煞方式：

### 墳場之陰煞常帶來災禍不斷

選擇住宅近墳場、殯儀館、醫院等陰煞之地，犯之主宅內人多暗病、運氣

差、常作噩夢。

1、懸掛八仙綵可使屋宅帶來熱鬧非凡
的祥和之氣，帶給房屋熱的能量，
能化解孤寒陰寒之煞氣，還能達到
收妖除魔之功效。

2、若是來自外界的陰煞，除了懸掛八
仙綵之外更應該在家中安放福祿壽
三仙得以化其凶氣。

# 34、屋頂上的風獅爺
## （黃飛虎）

## 化煞效果：

金門的黃飛虎俗稱「屋頂的風獅爺」，是居民用來鎮風驅邪及守護家宅平安的鎮風避邪之物，還可化解被四周屋脊牌坊所沖射的煞氣。

## 化煞方式：

### 屋脊沖射災禍多多

房子有屋脊沖射，容易發生意外凶災、橫禍、血光。

1、將黃飛虎正豎或橫立在屋頂上屋脊的正中央，面對鄰宅屋脊沖射過來的煞氣。

2、要安置黃飛虎須請示神明或地理師，並選一個良辰吉日，經開光、點眼後再安奉上，每逢年節也要奉上糕餅、三牲、酒禮、金紙及上好的清香來奉祀。

3、黃飛虎威風凜凜，可驅除來犯的惡魔凶鬼、鎮風驅邪、守護家宅平安，還可化解被四周屋脊或招牌所沖射的煞氣。

# 35、憨番扛厝角

## 化煞效果：

「憨番扛厝角」是一尊弓著身體並且以肩膀扛著屋簷角的男性塑像。在東西文化的建築裡都有出現這種裝飾象徵。在建築力學上有鞏固房屋及分散樑柱重量的效果，風水學上可以

化解橫樑煞、直樑如棺材形等屋宅煞氣。

## 化煞方式：

　　使用憨番扛厝角來化煞，需經堪輿師佈局，擇一吉時良辰，安置憨番扛厝角方能發出化煞之靈動力。

# 36、鏡子化煞

古人將銅鏡用於驅邪避煞，有「辟癮鏡」象徵患癮者照之即癒，古籍中也有許多照妖鏡的典故流傳，佛教和道教舉行宗教儀軌時，銅鏡也是重要的法器之一。

## 化煞效果：

### 1、凹面鏡：

取用凹面鏡做風水用時，都會取用成像為縮小倒立實像或成像在無窮遠處（不成像）的方式，把尖斜之物，由大化小或是有形化成不成形之作用。凹面鏡有化解飛煞、箭煞的功效，但是因為任何鏡子都兼具吸納與反射兩種作用，不能擺放在室內，一定要小心使用。

房屋尖角形成箭煞　將箭煞化成不成形

正常影像　　凹面鏡之成像

## 2、凸面鏡:

凸面鏡可發散光線,能成正立縮小的虛像,主要用於擴大視野,一般用於車子之左右後視鏡,或商場監視扒手,轉彎鏡、廣角鏡、凸面鏡在陽宅可防小人、陰煞鬼魅、反弓煞。但是任何鏡子都兼具吸納與反射兩種作用,不能擺放在室內,一定要小心使用。

# 37、萬靈化煞千層斬刀鏡

## 化煞效果：

萬靈化煞千層斬刀鏡為「多重防衛」之作用，能將凶惡之風水形煞如同被刀斬成片段的支離破碎之象，這就如同物體被千層斬斷般的威力，將煞氣化解於無形之中。萬靈化煞千層斬刀鏡能化解飛簷煞、壁刀煞、鋸齒煞、探頭煞、弓箭煞、

箭煞、孤獨一棵樹或一根電線桿或招牌所形成的各種陽宅風水煞氣。

### 化煞方式：

前探出賊子，後探出母舅

「探頭煞」易出男盜女娼或忤逆不孝的子孫，易遭小人暗算，莫名其妙被人利用，或家內有賊入侵而破財。

1、可安置萬靈化煞千層斬刀鏡，以斬探頭煞於無形當中。

2、面對犯探頭煞處，安置獅咬劍及 3D 立體山海鎮來化解探頭煞氣於無形之中。

# 38、雞為五德之禽

　　古人認為雞是鳳入凡塵，帶有吉祥以及靈性，稱雞為五德之禽，五德為文、武、勇、仁、信，在《韓詩外傳》中，讚美雞之五德曰：

「首戴冠者，文也；
足搏距者，武也；
敵在前敢鬥者，勇
也；得食相告，仁
也；守夜不失時，
信也。」

130

# 39、為什麼公雞可以壓煞

## 典故：

　　中國以雞做為化煞避邪的歷史由來已久，道教認為公雞（尤其是白公雞）有鎮魂、避邪的效用，而雞最能化解的煞氣就是「蟲煞」，所以雞是蟲的剋星，因為雞可以吃掉

各種毒蟲，為人類除害。

　　雞可長鳴報曉，破暗除幽，導來光明，有抑陰助陽之特性，亦為前驅，走在前方開路，含有提防保衛之意，則其鳴叫之聲可以鎮魂。俗語說：「靈雞一鳴天下明，陰中百邪總歸藏。」「雞」與「吉」發音有諧音，還有「見雞大吉」的意義，在閩南語中「雞」與「家」發音有諧音，遂有家庭的意涵，如同閩南語祝旺家運時就會說「發雞（家）火」。

# 40、開光要用白公雞的原因

## 典故：

　　道教開光儀式中會使用白公雞來開光，民間稱用來開光的白公雞叫「王爺雞」，開光儀式會先請神入座，法師會點硃砂、入寶、入蜂、點白公雞的雞冠血，儀式禮畢後會將

白公雞放生。

　　至於為何要用白公雞來開光，筆者認為白色有潔白、純潔、聖潔的意思，象徵無污點的君子守身如一，純白而無任何雜念及雜氣，心性專心一致，沒有不好的思維，同時地支酉為雞，為西方，為金，為正白色，所以會取用白公雞，而古人認為白公雞具有特殊的靈性和陽氣，以其血來開光點眼做為勅靈及壓煞，其陽氣重對於能量引聚效力會很強，此外用白公雞來開光也象徵賦予神像或吉祥物是極具聖潔的神性。

# 41、雞咬箭八卦石座

## 化煞效果：

　　金門金寧鄉安岐村境，有一丁字形路口，形成路箭直接沖射到村莊入口，惹得全村雞犬不寧，所以村民在村口安置了一座雞咬箭八卦石座，幫助村莊迎祥制煞，讓村民安居樂業。

八卦

雞咬箭

烘爐

## 化煞方式：

### 小心剪刀煞剪斷你的健康

住宅位於三角形之路所沖射之地形，其形如剪刀，犯煞時家宅成員需防意外、疾病及血光之災。

1、放置 3D 立體山海鎮或石敢當或雞咬箭八卦石座。

2、栽種一排植物盆景以化解煞氣。

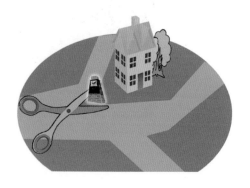

# 42、發財金雞母

## 開運化煞效果：

　　將金雞母放置家中玄關或客廳，象徵吉祥與平安之意，可鎮宅祈福、和氣生財、制邪化煞，還具有閩南語「起家」之含意，是入厝送禮的最佳賀禮，在風水上可以化解蜈蚣煞、蟲害煞之用。

## 開運化煞方式：

### 蜈蚣煞導致易惹是非口舌、腸胃不適

當您的住家周圍有形如百蟲的電線桿或電塔綿延開來，看來恍似一條蟲體，就是犯了蜈蚣煞。

1、蜈蚣煞容易造成住宅內的成員，易惹是非、工作不順、腸胃不適、食

蜈蚣煞

在犯煞處放置四隻金雞母及一尊飛天麒麟

慾不振。

2、可在窗口或犯煞處放置四隻發財金雞母及飛天麒麟一隻來化解，擺放化煞發財金雞母時必須將雞嘴對正屋外類似毛蟲或蜈蚣的物體。

3、凡是屋宅遇上蟲煞時除了使用金雞母來化煞，還可以使用琉璃精製之鷹揚天下來剋制蟲煞，並且能增添俯視群倫氣勢磅礡的靈動力。

# 43、吉祥瑞獸：龍

## 典故：

中國古代的四靈是龍、鳳、龜、麒麟，其中龍有著牠獨特的神性變化，所以能居四靈之首。龍相傳為神靈之

精，能乘雲佈雨以濟蒼生，又為祈雨避邪之神，龍在中國人眼中是吉祥而尊貴的地位，例如：皇帝穿的是「龍袍」，用心栽培子女，是「望子成龍」，生旺自然環境的風水寶地是「龍脈」，皇帝也稱為「真龍天子」，龍除了代表王者之外，也是富貴吉祥的象徵。

龍善於變化，能興雲雨以利萬物，是為四靈之首。傳說「龍有九似」，具有兔眼、鹿角、牛嘴、駝頭、蜃腹、虎掌、鷹爪、魚鱗、蛇身的形象，也稱作九不像。

# 44、九宮八卦龍印寶璽陣

## 化煞效果：

可掌握權柄，壓煞制小人，可避免因為蓋章、擔保、訂契、合約所引起之無謂損耗及是非，可以化解官門煞、孤剋煞、無尾巷、虎高龍低、年月日時煞星（如太歲、歲破、劫煞、災煞、歲煞、伏兵、大禍等）。

## 化煞方式：

### 孤剋煞難得貴人相扶持

1、寺廟、教堂易聚孤剋之氣，由於這些陰靈的聚集，廟宇、教堂四周就容易產生孤煞之氣。犯孤剋煞易造成家宅成員運勢低落，難得貴人相扶持。

2、於自家面臨寺廟或軍營之處，安置九宮八卦龍印寶璽陣，龍頭朝向窗外可化解煞氣。

# 45、龍山

## 化煞效果：

龍山可以用來扭轉您的事業及人生際遇，使您的事業達到後有靠山，前有貴人之穩重如山的無形靈動力。在風水上借用龍尊貴、威望的特性，龍生旺氣如龍攀的磅礴之氣可收制煞之效，如玄武空虛、龍虛虎強的格局、白虎方延伸違建、白虎

探頭、飛簷煞、背後無靠等屋宅煞氣。

## 化煞方式：

**屋宅玄武空虛，小心精神衰弱纏身**

辦公室、書房或是睡床的後方如果背向窗戶，而窗戶的光線很光亮猛烈，就是犯了玄武空虛。

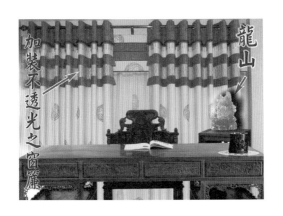

1、放置琉璃龍山達到後有靠山，前有
　　貴人，然後加裝不透光之窗簾遮擋。

2、若是屋後空地低陷，需將低地填平
　　並種植一些植物，植物數目應以房
　　屋坐向之卦氣及卦運來配合。

3、　龍具有尊貴的性質，所以可利用龍
　　山來求取改運、納財、招貴之效，
　　使您的事業飛黃騰達。

# 46、龍印寶璽

## 化煞效果：

可掌握權柄，壓煞制小人，可避免因為蓋章、擔保、訂契、合約所引起之無謂損耗及是非，以及股東不和及掌握不了權柄帶來之損耗及是非。

龍印寶璽可以化解八字中缺印及官門煞、

孤剋煞、無尾巷、虎高龍低、缺角煞、年月日時煞星、命中常犯小人或好事多磨者、事業優柔寡斷主觀意識弱的人。

## 化煞方式：

室內龍虛虎強格局，讓好壞總在一瞬間轉變

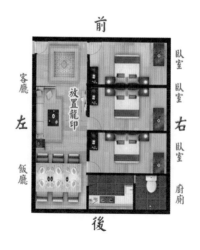

148

凡犯龍虛虎強的格局，家人不易得貴人幫助，容易招是非、犯小人，處理事情較偏執，或形成好壞差異很大總在一剎那間轉變，或家內人口男生較為弱勢。

1、修改為龍虎左右對稱之格局來化解。

2、如不能改變格局，可將琉璃精製之龍印寶璽放置家中左邊的客廳中來可化解。

# 47、乾坤九龍寶璽

## 化煞效果：

乾坤九龍寶璽有制煞氣及納財招貴之效，可以化解官口煞、五黃煞、孤剋煞、無尾巷、虎高龍低、路沖、屋角煞、年月日時煞星、做事掌握不了權柄、懷才不遇、屋宅的四周有興工動土使氣場不穩定者以及二黑病符星與流年三煞之煞氣，還可掃除家中的負面能量。

## 開運化煞方式：

### 扭轉乾坤開運招財法

1、公司老闆或主管辦公室擺放乾坤九龍寶璽，象徵官運亨通、吉祥如意，大展鴻圖、財運興旺，還可以讓缺乏領導群倫魄力的老闆與不能服眾御下的老闆增強領導魄力。

2、擺放乾坤九龍寶璽具有掌握權柄、
　壓煞制小人、掃除公司負面能量的
　無形靈動力。

3、九龍寶璽代表行使職權的徵信器物，
　是王者的象徵，猶如天子之威、統
　率三軍、君臨天下、威震乾坤，具
　有掌握權柄、壓煞制小人的無形能
　量，讓您霸氣十足、尊貴無比，仕
　途順遂、升官如願。

# 48、雙龍戲珠

## 化煞效果：

　　龍生旺氣可收制煞、納財、招貴之效，使您的事業飛黃騰達，適用於辦公大樓、行政職務部門、公司行號，可助集團公司和行政大樓等場合來藏風聚氣與匯聚人氣。還利

於合夥的投資事業，遇股東不和諧及不尊重
之時來化解。風水上可以化解宅氣純陽純陰、
住宅庭院內有大樹、垂簾聽政等煞氣。

## 化煞方式：

### 屋宅純陰之氣導致災病連連

爬藤垂下主官符是非難免，宅內之陽宅
不盛，男主人身體虛弱，長年藥碗不斷。

1、應該剪除遮住房屋的植物，讓屋宅接受陽光照射，恢復正常的磁場以挽回家運。

2、可以在客廳擺放琉璃精製的雙龍戲珠來增加家運氣勢掃除陰煞，讓家中陰陽不和之磁場變強。

3、家中如有安奉神明，雙龍戲珠還可以增添神威顯赫，讓神明更能降福於家中，所謂家和萬事興，增進夫妻感情的能量也就水到渠成了。

# 49、飛翅龍魚

飛翅龍魚有龍之尊貴、善變、統領四方
的霸氣，象徵魚躍龍門而得貴，以
及魚的情閒適足、
順逆坦然、自
適安在的圓
融，加上有
對翅膀更展
現了變化莫
測的能量，

156

可使您的思維自如、反應敏捷，同時龍魚也代表生意談判場上得心應手、遊刃有餘。

## 開運方式：

辦公室貴人升遷法

1、擺放龍魚，可以讓人在工作方面催財、催旺，享有鯉躍龍門的升遷與催貴人的靈動力。

2、以辦公室的坐向方位及本人的八字中判定貴人位的位置，然後再擺放吉祥物。

3、必須先請功力深厚且有經驗的法師為您的飛翅龍魚做開光點眼及請神加持才會有靈動力的產生。

# 50、河圖

**典故：**

　　河圖為伏羲時代黃河出現一匹龍馬，其身上有文彩圖案，謂之龍馬負圖，伏羲將其文字記載下來，因出於黃河，謂之「河圖」。

龍馬

# 51、洛書

**典故：**

　　相傳大禹治水時有神龜出於洛水，背上有九組不同點數組成的圖畫，禹因排列其次第，而領悟出治理天下水患的九種大法，因出於洛水故曰「洛書」。

龍龜

# 52、龜是仁壽之瑞獸

## 典故：

　　烏龜一向被中國人認為是極有靈性的動物，牠們的長壽更讓人們認為烏龜能通天地靈氣，龜殼的結構更包含了宇宙玄機的密碼與天地之數。古人認為天尊地卑、天圓地方，烏龜的背甲隆起像天，腹甲平坦，好似大地，烏龜

彷彿背負著天地一般。

正常的龜殼表面，在最外圍的一圈龜殼共有二十四格，代表了一年有二十四節氣，一個圓周有二十四山刻度、一天有二十四小時。龜殼的第二圈有十格代表了十天干，中間一行五格，代表五方以外，也象徵將十天干分為陰陽及陰陽五行之元素，此外五方以外其八卦也陣列其中，也代表八大節氣，若配上藏腳處則代表四維八德。

龜殼的正反面

代表了陰消陽長，陽消陰長。烏龜頭會縮進龜殼內，象徵「藏甲」，代表生命之根源，頭尾之殼代表陰陽，頭陽尾陰，龜腹四肢藏處謂之四象也代表四季。龜腹有十二格，象徵十二地支，一年有十二個月令，一天有十二時辰。一個龜殼的佈局，如此奧妙玄奇，所以歷代的占卜者都認為龜殼可以聚集天地之靈氣。

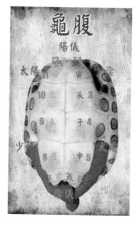

# 53、龍馬奔騰

## 化煞效果：

龍馬精神是易經乾卦的意涵，所以放置龍馬會產生祥瑞、太平的靈動力及堅強的意志力和不怕苦的奮鬥力及大公無私的精神。龍馬可以帶來制小人且增貴人的靈動力，置於事業位或貴人位上，其靈動力特別強大。

## 化煞方式：

### 面對無尾巷留心前途無路可出的危機

面對無尾巷主前途受阻，事業漸衰退，做事缺少向上奮發進取心，也會影響後代子孫之發展。

1、可在住家面對無尾巷的陽臺或窗口安置龍馬，龍頭面對無尾巷處以化解。

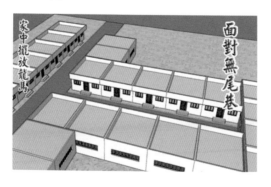

2、可在無尾巷尋一空地，栽植植被及一水池，家內放龍馬，頭朝水池，也可以達到風生水起好運到、因木生風、風起水浪、天馬行空，萬里無阻之靈動力。

3、若要居家旺財也可將龍馬置於旺氣位，以收生生不息之靈動力。

# 54、神龍大龜

## 化煞效果：

　　龍龜為世人以柔克剛及擋災煞減禍害，其力量也可制伏太歲、歲破及種種有形之煞氣，是鎮宅化煞的最佳聖物，龍龜可以化解橫樑煞（樑壓床、樑壓灶、樑壓書桌、樑壓座椅）、玄武空虛、鏡光煞、尖角煞等諸多煞氣。

## 化煞方式：

橫樑煞（樑壓床、樑壓灶、樑壓書桌、樑壓座椅）

　　長時間停留在橫樑之下，不論是坐在書桌前、沙發上、睡在床上，甚至於烹調食物的爐灶被壓在橫樑之下，對於身心的健康將會造成相當大的害處。

1、遇到橫樑煞可移動家具，避開橫樑
　　下壓的狀況。

2、在橫樑的兩邊釘上鋼釘，鋼釘需要
　　用紅線或紅紙或紅布封密，以不見
　　鋼釘為佳，掛上洞簫加二十四古帝
　　王錢並配合千斤樑萬斤槓化煞符令
　　來化解。

3、在橫樑槓下兩旁各放一精製琉璃龍
　　龜以挑樑化煞，使柔克剛。

# 55、洞簫加二十四古帝王錢

## 化煞效果：

竹子自古以來就有謙謙君子之稱，也是竹報平安富貴的表徵，更是趨吉避凶的良材。「簫」與「消」諧音，所以風水竹簫還有消除惡煞的寓意，若配合古代的二十四個純古帝王錢之靈氣，更能展現出消災解厄之無形靈動力，可以避邪、招財納祥、節節高升，還可以化解橫樑煞。

## 化煞方式：

橫樑煞（樑壓床、樑壓灶、樑壓書桌、
樑壓座椅）

1、移動家具、避開橫樑。

2、在橫樑的兩邊釘上鋼釘（鋼釘需要
   用紅線或紅紙或紅布封密，以不見

掛上洞簫加二十四古帝王錢
來化解橫樑煞

鋼釘為佳），掛上洞簫加二十四古
帝王錢並配合千斤樑萬斤槓化煞符
令來化解。

3、在橫樑槓下兩旁各放一精製琉璃龍
龜以挑樑化煞，使柔克剛。

# 56、廿四山龍銀招財
## 引貴符籙圖

## 化煞效果：

　　廿四山龍銀招
財引貴符籙圖具有
招財、納福、引貴
之功效，能藉調天
上二十八星宿之無
形靈動力來化解屋
宅煞氣，例如：墳

場的陰氣、三教九流聚集地之邪氣、警署肅
殺之氣、教堂廟宇孤剋之氣、天斬煞、鎗煞、

尖角、沖射等煞氣都可一一化解。

## 開運化煞方式：

廿四山龍銀化煞招財引貴法

　　1、是以家中或辦公室的坐向方位及本
　　　　人的八字中判定貴人位的位置，然
　　　　後擺放吉祥物。

2、請專業命理風水師配合玄空大卦奇門納氣天星照臨秘法找出個人的吉祥方位，然後佈局與諏選良辰吉日，如此才能得到催貴人、旺官運的功效。

3、廿四山龍銀招財引貴符籙圖需要經法師請神、加持、開光及淨旺過後，加強它的靈動力，讓它效應更神速。

## 57、天官賜福

開運效果：

擺放琉璃天官賜福，對服務政界、教育界、求取功名利祿、求取好成績者及事業運的升遷不如意多阻力小人者，可助其推動前往更高目標前進，從而刺激自己必定要努力才能取得最高的回報，讓人名滿天下，光宗耀祖。

## 開運方式：

### 天官賜福升官發財法

將一錠好墨及一枝毛筆及開運貴人符令放在紅包袋中，紅包袋上寫上富貴榮華金階立，然後放在書桌或辦公桌的抽屜中，象徵升官發財，福祿雙至，若能再加上琉璃精製之天官賜福，如此才能得到催貴人、旺官運的功效，但是要特別注意若是筆頭遭到蛀蟲蛀食，會帶來退官職之災。

# 58、龍鳳呈祥

## 化煞效果：

龍為神靈之精，集各種動物精華於一身象徵權威、尊貴，為帝王之象徵。鳳象徵美麗、仁愛、慈祥、祥瑞、太平，所以龍鳳兩者結合則是太平盛世、高貴吉祥的表現。現在一般人把結婚之喜比作龍鳳呈祥來表達真摯的愛情，也是富貴吉

祥的祝願，在房間安置龍鳳呈祥可以求得夫妻恩愛、陰陽和諧、婚姻美滿幸福，龍鳳呈祥還可以化解命盤中日月落陷的缺憾。

## 開運化煞方式：

龍鳳呈祥夫妻恩愛和合法

1、可以在月圓的時候或是合乎夫妻生
　　辰八字喜用的時間，再安放琉璃精

製之龍鳳呈祥，便可以增強夫妻如膠似漆的感情，讓婚姻更加美滿和諧。

2、放在陰陽相生之科位，化解命中陽陰（日月）落陷，可讓家中陰陽兩氣和諧、家和萬事興、事事順遂如意。

# 59、愛神邱比特

## 開運效果：

愛神邱比特是羅馬神話中的小愛神，祂的金箭射入人心會讓人產生愛情，所以邱比特有著天賜良緣情意濃的意涵，能幫助未婚及尚無感情姻緣之人求得姻緣。

## 開運方式：

愛神邱比特求愛法

1、在臥房中擺放琉璃精製之愛神邱比
特，可以增強異性緣，求得天賜良
緣，如果再加上龍鳳呈祥更能讓新
來的戀情如鸞鳳和鳴一般甜蜜。

2、請專業命理風水師配合玄空大卦奇

門納氣天星照臨秘法找出個人的吉
祥方位，然後佈局與諏選良辰吉日，
如此才能得到催桃花、覓良緣的無
形靈動力。

3、未婚想覓得良緣之人可以用開運桃
花手工皂來沐浴調整身心，隨身攜
帶桃花寶袋增強桃花緣份之靈動
力。

# 60、穩賺有餘

## 開運效果：

穩賺有餘運用音韻「魚」與「餘」、「鯉」與「利」同是諧音相通的靈動力，依魚的主體代表「錢財有餘」，魚吻鑽象徵「穩賺」，內中蓮花取意「連年有餘」，是一款魚來運轉，代表經商可使財源滾滾，

生財、聚財，求正財與偏財功能極強。

## 開運方式：

穩賺有餘財源滾滾法

1、居家及公司旺財可將穩賺有餘置於
   旺氣位或財位以收生生不息之靈動
   力。

2、請專業命理風水師配合玄空大卦奇
　門納氣天星照臨秘法找出個人的吉
　祥方位，然後佈局與諏選良辰吉日，
　如此才能得到魚來運轉、財源滾滾
　的功效。

3、在居家的偏財位放置穩賺有餘或穩
　賺有餘聚寶盆，可吸納偏財以及博
　彩動旺之運，利於從事投資生財的
　人，更適合做投資短期股票、基金
　的人，或一夜致富之投資行業之人。

# 61、馬上賺

**開運效果：**

　　馬上賺以採用琉璃材質能量功效最強最快，因為琉璃內含有金屬而易經乾卦為金，馬為火，這正意涵馬有乾卦與離卦及太陽熱能及天道運轉永不停息，秉足了先天五行之生剋制化及陰陽消長的自然現象。馬上賺主生旺，可幫助做生意原本賠錢

者，得到無形的馬上賺的靈動力而鹹魚翻身，幫助店家無客源者有翻天改變之功效。

## 開運方式：

### 馬上賺翻天招財生旺法

1、風水佈局上一般把馬放在主人的驛馬方及天祿的方位是為祿馬交馳。

放在驛馬方及天祿方位是為祿馬交馳

馬上賺

或者放在南方以及西北方，對晉見
貴人、升官發財、事業的良好遷動，
有莫大的助益。

2、開店投資者可安放在收銀機、櫃檯
上或玄關、客廳財位上，業務人員
可擺置在辦公桌靠門口側，可讓生
意與人潮如流、綿延不絕，使錢財
有賺翻天之效果。

# 62、躍天飛馬

**開運效果：**

馬在風水學上有生旺、馬到成功、一馬當先、捷足先登之意。躍天飛馬象徵壯志在胸，為理想揮動翅膀，在事業上平步青雲，讓財富的累積，扶搖直上。放置躍天飛馬可利遷徙、移民、出國留學、轉學、工作變遷、轉業等變化。

## 開運方式：

### 一飛沖天發財開運法

1、如若想在短期內對事業及財運有幫
　助，那便要把馬擺放在房屋的財位，
　以求一馬當先快速贏取捷足先登之
　氣勢，使一切事務馬到成功、搶得
　先機。

2、風水佈局上，一般把馬放在主人的驛馬方及天祿的方位是為祿馬交馳。或者放在南方，以及西北方，對晉見貴人、升官發財，有莫大的助益。

3、開店、投資可將躍天飛馬按放在收銀機、櫃檯上、玄關、客廳或屋宅財位上，可讓生意與人潮如流、綿延不絕、和氣生財，並可增加熱能鬥志而賺取更多財富，可使正偏財兩相旺。

# 63、馬上封猴

## 開運效果：

　　「馬上封猴」的「猴」與「侯」同音，侯為達官權貴的代表，「馬上」也代表一躍成名。放置馬上封猴可以幫助官運不通以及缺乏貴人之人，帶給他們官運亨通、大展宏圖、指日高升之無形靈動力。

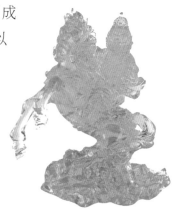

馬上封猴是專為企業主管、政務主管所設計的開運升官寶物，即便您還是個小職員、小主管，只要有奮發之心安置馬上封猴，亦能助您一躍成名。

## 開運方式：

馬上封猴官運亨通法

1、必須先請功力深厚且有經驗的法師或命理師為您的馬上封猴做開光、點眼及請神、加持才會有靈動力的產生。

2、再請專業命理風水師,配合玄空大卦奇門納氣秘法找出個人的貴人方位,然後佈局與諏選良辰吉日,如此才能得到催貴人、旺官運的功效。

# 64、聚寶盆

## 典故：

傳說明朝沈萬三的財富是靠一只聚寶盆而來，用以致富敵國，所以聚寶盆藉用沈萬三的典故象徵財富入多出少，取之不竭，並利用有形的寶器寶物來凝聚氣場，例如：財神爺、十二生肖、彌勒佛、古錢幣、火焰、金元寶、祥雲、八卦、太

極、蝙蝠等，這些都是中國文化的傳承以及民間生活習俗中，具有求財聚寶象徵意義的吉祥圖騰，然後再加上神佛之靈動力無形的加持，經由大師開光、勅靈，有效的將其無形的靈動力釋放出來，令寶物產生引寶招財的功效，達成您旺財的願望。此外，筆者認為若要達到聚財納寶之功效，必當有盆、有盒、有蓋，若是沒有何能稱為聚寶盆呢？

# 65、五路財神聚寶盆

## 開運化煞效果：

　　五路財神聚寶盆運用「五路財神爺」之迎祥納福的靈氣，可以讓您五路進財，大發利市，能夠彌補財帛宮破、增加財運、守財聚財，還可以阻擋火形煞的煞氣。

## 開運化煞方式：

### 五路財神招財開運法

1、安置在金庫財位方，可說是財神坐鎮，以得神佑之無形靈動力，鎮守財庫轉化洩財之煞氣，收得招財進寶之效。

2、置於財庫、保險櫃、酒櫃上、書櫃裡或家中財位或乾淨生旺的地方，或置於營業場所收銀機旁 。

# 66、福祿壽聚寶盆

## 開運效果：

福祿壽聚寶盆可納取天官賜福、加官進
祿、長壽綿延之福吉，不論是求取升官發財
或是招祥納福都有非常顯著的功效。

## 開運方式：

福祿壽天官賜福聚寶法

1、置於財庫、保險櫃、酒櫃上、書櫃
　　裡或家中財位或乾淨生旺的地方。

2、置於營業場所收銀機旁或辦公桌，
　　還適用於不易賺錢者，付出多而回

置放在家中酒櫃旺財處

報少者，或常因他人而耗財者。

3、用於財帛宮沖破，每有入財，皆如
　　過路財神，聚不住財者，用之最佳。

4、福祿壽聚寶盆取肚大口小的形狀為
　　用，象徵財富入多出少，藉福祿壽
　　三星之靈動力及五行相生之局，以
　　納取天官賜福、加官進祿、長壽綿
　　延之福吉。

# 67、火焰聚寶盆

## 開運化煞效果：

　　火焰聚寶盆擁有火燃而麗及放射性之靈性，同時具有生發的力量。火炎上，火空則

發，有一發沖天之勢，所以火可吸收太陽光束的波粒兩性七色彩光，它是波粒二性的元素，運用火焰生生不息的靈動力，可達到如火焰般的快速發財，火還具有制煞、避邪、除陰、驅穢的效力。

## 開運化煞方式：

### 火焰聚寶盆一發沖天開運發財法

放置在主臥的財位上

1、置於財庫、保險櫃、酒櫃上、書櫃裡或家中財位或乾淨生旺的地方。

2、置於辦公桌或營業場所收銀機旁。

3、用於財帛宮沖破,每有入財皆如過路財神,聚不住財的人。

4、用於不易賺錢者,付出多而回報少者,或常因他人而耗財者。

# 68、彌勒佛聚寶盆

**開運效果：**

　　彌勒佛融入聚寶盆之中，象徵歡喜財神佑助快樂進財之內涵，因為彌勒佛有隨緣歡喜之心，不用多求而且可讓聚寶盆生生不息，其大肚有如宰相肚裡能撐船一般的包容大肚，可裝盡金銀財寶廣納四方之財。

## 開運方式：

### 彌勒佛笑納五方財開運法

1、適用於財帛宮沖破聚不住財，或不易賺錢者，付出多而回報少者，或常因他人而耗財者。

2、用於每因進了或賺了一筆錢財後，就有後遺症之人，如官符是非跟著來之象，因不能歡喜隨緣而賺錢得罪人之緣故。

主管辦公桌可放置彌勒佛聚寶盆

# 69、十二生肖聚寶盆

**開運效果：**

藉由十二生肖之靈動力來納財，是聚集了本命元神之守護神，吸收天地宇宙磁場好的能量元素，配上琉璃精製猶如火山爆發銳不可擋之無形靈動力，能夠彌補財帛宮破、增加財運、守財聚財。

## 開運方式：

十二生肖納財開運法

1、置於財庫、保險櫃、酒櫃上、書櫃裡或家中財位或乾淨生旺的地方。

2、置於辦公桌或營業場所收銀機旁。

3、用以單槍匹馬獨自奮鬥沒有貴人或投資合夥人不和而產生賠本守不住財之象。

# 70、穩賺有餘聚寶盆

## 開運效果：

　　穩賺有餘運用音韻「魚」與「餘」、「鯉」與「利」同是諧音相通的靈動力，依魚為主體代表「錢財有餘」，以魚吻鑽象徵「穩賺」，是一款魚來運轉、財源滾滾，生財、聚財，祈求偏財功能極強的開運吉祥物。

## 開運方式：

穩賺有餘旺財法

1、用於店面其客源不佳或每每客人殺
   價太厲害而導致生意在賺與賠之間
   時。

2、用於不易賺錢者，付出多而回報少
   者，或常因他人而耗財者。

## 開運效果：

　　若要讓貔貅達到旺財之功能，必須配合聚寶盆，聚寶盆才能讓貔貅將吸食之財寶吐入盆中，否則只入不出哪能旺財呢？天祿百福聚寶盆主旺財、守財、生財、入財、制煞、避邪、除陰、驅穢。

## 開運化煞方式：

### 天祿百福旺財聚財法

1、適用於財帛宮沖破聚不住財，或不
　 易賺錢者，付出多而回報少者，或
　 常因他人而耗財者。

2、用於平常不捨花錢而常導致因小失
　 大，或者省到一段時間就有一事讓
　 您破財者，用此聚寶盆最佳。

# 72、金蟾百福聚寶盆

## 開運效果：

金蟾是旺財瑞獸再加上百福則帶有百福俱臻、福祿雙全、福壽綿綿、洪福齊天之無形靈動力，故它可吸納偏財以及博彩動旺之運，有利促進投資及生意買賣的財運，主旺財、守財、生財、入財。

## 開運方式：

金蟾偏財開運法

1、適用於做投資短期股票基金、有價證券或略帶投機或賭性或一夜致富之投資行業。

2、用於不易賺錢者，付出多而回報少者，或常因他人而耗財者。

房中之財位或旺方

# 73、納財聚寶盆

開運效果：

納財聚寶盆主增加財運，藉由聚寶盆肚大口小，象徵財富入多出少，取之不盡，用之不竭，納財聚寶盆能夠彌補財帛宮破、增加財運、守財聚財、招財入財。

216

## 開運方式：

### 納財聚財開運法

1、適用於財帛宮沖破，每有入財，皆如過路財神，聚不住財的人。

2、適用於節儉致富而生富及綿綿不絕天天有進財之生意用之最佳。

3、適用於不易賺錢者，付出多而回報少者，或常因他人而耗財者。

放置在臥室之
財位或旺方

# 74、五福聚寶盆

五福聚寶盆主增加財運，利用五隻蝙蝠象徵五福臨門以及古錢幣、祥雲等吉祥圖騰來凝聚氣場，然後經由開光、勅靈，有效的將其無形的靈動力釋放出來。五福聚寶盆能夠彌補財帛宮破、增加財運、守財聚財、招財入財。

## 開運方式：

### 五福聚財法

1、用於財帛宮沖破，每有入財，皆如過路財神，聚不住財。

2、用於不易賺錢者，付出多而回報少者，或常因他人而耗財者。

3、用於靠勞動力或專業技術功夫進財者，小本生意每日有進財之生意者或薄利多銷者。

# 75、九龍聚寶盆

## 開運效果：

　　相傳佛祖誕生在印度之時，天有九龍吐出香水為佛祖洗浴，所以佛誕節又名浴佛節。另外道祖老子出生時，相傳有萬鶴翔空，九龍吐水，以浴聖姿，龍出之外，因成九井的傳說。九龍聚寶盆象徵富貴聚財，以九龍引寶招財可以產生財水奔流進家門般的強大靈動力。

## 開運方式：

### 九龍引寶招財法

置於財庫、酒櫃
書櫃或家中財位

1、適用於財帛宮沖破，每有入財，皆如過路財神，聚不住財。

2、適用於靠人脈賺錢，如旅遊業、保險業，或因貴人生財或與公家機關有生意往來者。

3、用於不易賺錢者，付出多而回報少者，或常因他人而耗財者。

# 76、招財金蟾

## 開運化煞效果：

　　招財金蟾它可吸納偏財以及博彩動旺之運，有利促進投資及生意買賣的財運，是最佳的化煞進財吉祥物品。

## 開運化煞方式：

金蟾招財法

1、置於家中財位或乾淨生旺的地方。

2、於店面財位或辦公室之辦公桌。

3、用於金融投資而略帶創新投資或公
　　益彩券、賭場、博奕業、正偏財皆
　　可。

置於店面財位或櫃檯上

# 77、千手千眼觀音菩薩項鍊

## 化煞效果：

　　配戴千手千眼觀音菩薩項鍊可以開運消災解厄、趨吉避凶，快速淨化身上之負能量護佑身心，強化吉祥磁場趨小人避邪魔，化煞轉禍為福，消除年災魔難。

## 化煞方式：

保佑行車出入平安

1、為發揚觀音大士大慈大悲的大念力以及救苦救難的精神，配戴千手千眼觀音菩薩項鍊需特聘功力高深、經驗豐富的法師來開光、點眼、請神、唸咒加持，以增加其靈動力。

2、掛在車中能保佑行車出入平安。

# 78、自在觀音

## 化煞效果：

家中擺放自在觀音可以開運消災解厄、趨吉避凶、護佑身心、快速淨化負能量、強化吉祥磁場、趨小人避邪魔、化煞轉禍為福、消除年災魔難，還可以化解陰煞等屋宅煞氣。

## 化煞方式：

**客廳過於陰暗導致財源阻塞**

　　明亮的客廳能帶來家運旺盛，家中若是充斥著陰暗之氣，會帶來財源阻塞、婚姻失和以及家運不順的現象。

　　1、客廳壁面不宜選擇太暗的色調，燈

光應該採用柔和適中,以免帶來黯淡的家運。

2、可以在客廳或玄關擺放琉璃精製的自在觀音,增加家運氣勢,掃除陰煞,調節家中陰陽不和之磁場,增添神威顯赫,促進家宅興旺。

3、擺放琉璃福祿壽三仙可以化解藥罐煞、棺材煞、陰煞、空屋陰森之氣等屋宅煞。

# 79、水月觀音

## 化煞效果：

　　家中擺放自在觀音可以開運消災解厄、趨吉避凶、護佑身心、快速淨化負能量、強化吉祥磁場、趨小人避邪魔、化煞轉禍為福、消除年災魔難，還可以化解陰煞、棺材煞等屋宅煞氣。

## 化煞方式：

### 陽宅五行之火型煞最為凶惡

　　住宅正面或側面，只要是發現火型三角尖煞為凶，如顏色又呈現紅色、黑色，則危害更大。

　　1、小地方適合置魚缸，缸內須放些許湖水或海水才有靈動力，或者是場

地比較大的住宅可做水池、游泳池，如在北方則可形成「水火既濟」反而使對面居家及店面更加興旺。

2、在居家生旺方或按照先天卦氣位置來安置水月觀音或龍印來制火化煞。

3、按放水月觀音必須以房屋的坐向配合擺放之人八字，請地理師或命理師以玄空大卦及奇門天星擇日法為您佈局與諏選良辰吉日，如此才能得到鎮宅化煞的靈動力。

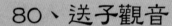

# 80、送子觀音

## 開運效果：

　　產婦可用琉璃精製之觀音送子以利生產，並且給祈求子嗣的人能夠傳宗接代，以寄寓求子之意，更祈小孩長命百歲、幸福安康。

## 開運方式：

**觀音求子法**

1、必須先請功力深厚且有經

驗的法師為您的琉璃精製送子觀音做開光、點眼及請神、加持才會有靈動力的產生。

2、是以房屋的坐向方位並以中天人倫法擇取房門之納氣再配合催丁之法，以及夫妻的八字判定吉祥的位

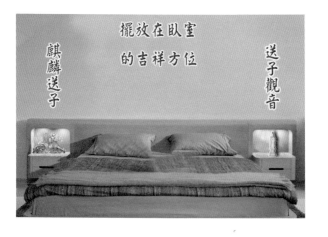

麒麟送子　　擺放在臥室的吉祥方位　　送子觀音

置，請地理師或命理師以玄空大卦及奇門天星擇日法為您佈局並重新安床和納氣與諏選良辰吉日，如此才能得到求子的功效。

3、建議還需配合醫學檢驗找出原因，再按照醫生建議調理身體，夫妻力行善心、善行、善言，誠心佈施，多參與社會公益活動。

# 81、麒麟送子

## 開運效果：

據傳孔子也為麒麟所送，在孔子出生之前，有一麒麟來到他家院裡，口吐玉書，這是著名的「麟吐玉書」的典故，所以家中擺放麒麟送子，可以增進求子的願望。

## 開運方式：

麒麟求子法

1、必須先請功力深厚且有經驗的法師
　為您的琉璃精製麒麟送子做開光、
　點眼及請神、加持才會有靈動力的
　產生。

2、是以房屋的坐向方位及夫妻的八字和房床的納氣配合中天人倫法安床判定吉祥的位置，請地理師或命理師以玄空大卦及奇門天星擇日法為您佈局與諏選良辰吉日，如此才能得到求子的功效。

3、建議還需配合醫學檢驗找出原因，再按照醫生建議調理身體，夫妻力行善心、善行、善言，誠心佈施，多參與社會公益活動。

# 82、蓮花童子

## 開運效果：

　　蓮花童子的「蓮花」二字，表示清淨，出淤泥而不染，而「童子」二字則表示純潔以及清淨法身，蓮花童子擺放家中可改善小孩不好學以及誤交損友等情事。

## 開運方式：

### 改善小孩不好學及誤交損友

1、必須先請功力深厚且有經驗的法師
　　為您的琉璃精製蓮花童子做開光、
　　點眼及請神、加持才會有靈動力的
　　產生。

2、必須以房屋的坐向配合擺放之人的八字，請地理師或命理師以玄空大卦及奇門天星擇日法為您佈局與諏選良辰吉日，如此才能得到讓家中小孩正向改變的靈動力。

3、蓮花童子手持如意、文昌筆、硯台、福袋、文昌塔，代表崇尚多子多福、人丁興旺的表徵，並為童貞赤子之心，使小孩不易學壞或結交惡友時會如蓮花出污泥而不染遠離惡友。

# 83、福德正神

## 開運化煞效果：

　　福德正神俗稱土
地公，臺灣民間除了
廟宇、家中供奉土地
公之外，一般商店也
供奉土地公為財神，
每逢初二、十六「做
牙」祭拜土地公，希
望能庇佑生意興隆，
家中擺放土地公可得

祈福、求財、保平安、保農業收成、庇佑生意興隆之靈動力。

## 開運化煞方式：

### 福德雙全開運法

1、必須先請功力深厚且有經驗的法師為您的琉璃精製土地公做開光、點眼及請神、加持才會有靈動力的產生。

2、必須以房屋的坐向配合擺放之人的八字，請地理師或命理師以玄空大卦及奇門天星擇日法為您佈局與諏選良辰吉日為之安奉，如此才能得到祈福求財、保佑平安、庇佑生意

興隆的靈動力。

3、做生意的商家可以在每月初二、
十六輒以牲醴、金紙、香品祭拜土
地公，祈求土地公庇佑生意興隆、
事事如意、福祿雙至、健康平安。

# 84、藥師如來佛基

## 開運化煞效果：

藥師如來佛基可使人免於遭受疾病纏身，消減痛苦，滅除災難，健體延壽，助旺造福基者元辰旺盛，生機盎然。現今因寸土寸金，很多家中之擺設已經無法再供奉藥師佛佛基者，可以到廟宇、寺

廟、宮壇安奉，佛基內置主事人之頭髮與手
腳指甲和出生年月日時（需用紅紙包之），
並以五色線和藥師佛經文置於佛基內。

## 開運化煞方式：

1、藥師如來佛基以生辰八字、大運、
　　喜忌、流年、吉凶等，補其八字五
　　行之不足，再配合藥師如來之光明

藥師如來佛基

擺放在家中的吉祥方位

透徹及淨無染，來助旺造福基者元
辰旺盛，生機盎然。

2、必須以房屋的坐向配合擺放之人的
八字，請地理師或命理師以玄空大
卦及奇門天星擇日法為您佈局與諏
選良辰吉日，如此才能得到藥師如
來佛願力的靈動力。

3、做生意的商家可以在每月初二、
十六輒以牲醴、金紙、香品祭拜土
地公，祈求土地公庇佑生意興隆、
事事如意、福祿雙至、健康平安。

# 86、地藏王佛基

## 開運化煞效果：

地藏王與觀音、文殊、普賢合稱佛教四大菩薩，深受世人敬仰，地藏王被尊稱為大願地藏王菩薩，又稱幽冥教主或稱酆都大帝。家中擺放地藏王佛基，可以讓您平安吉祥，消災解厄，消除業障，化解家中不良之陰氣。現今因

寸土寸金，很多家中之擺設已經無法再供奉地藏王佛基者，可以到廟宇、寺廟、宮壇安奉。

## 開運化煞方式：

　　1、地藏王佛基以生辰八字、大運、喜忌、流年、吉凶等，補其八字五行

之不足，再配合地藏王佛基之大悲弘願與渡化劫數之願力，來助旺造福基者元辰旺盛，生機盎然。

2、必須以房屋的坐向配合擺放之人的八字，請地理師或命理師以玄空大卦及奇門天星擇日法為您佈局與諏選良辰吉日，如此才能得到地藏王佛基的靈動力。

3、佛基內放置主事人之頭髮、手腳指甲、出生年月日時（需用紅紙包之），還需放入五色線和地藏王經文於佛基內。

# 86、武財神佛基

**開運化煞效果：**

　　家中擺放武財神佛基，可以讓您正財、偏財皆興旺，五方財源滾滾而來，財源廣進，運途亨通以及助旺造福基者元辰旺盛，生機盎然，還可以化解屋宅的火形煞氣。

**開運化煞方式：**

　　三角型的辦公大樓造成破敗之局

250

1、將主要的功
能區設在三
角形的底
部，盡可能
將三角六尖
的地方隔
離，再設計
出方形的空
間做為主體的使用空間。

三角型的辦公大樓

2、可以種植高大的樹木減弱尖角的沖
煞。

3、因為財神爺喜歡火旺之地，在屋內
吉祥之方位安奉武財神佛基，可化
煞為權，藉權為用，轉化為可賺錢
之吉宅。

# 87、歡喜財神彌勒佛

## 開運效果：

擁有一尊琉璃歡喜財神彌勒佛，真是一笑世間無煩惱，財大憂愁轉眼消，財源滾滾好運來，琉璃歡喜財神彌勒佛的強力磁場也能將負面能量磁場改變成正面能量磁場。

## 開運方式：

### 歡喜彌勒進財法

1、若將歡喜財神彌勒佛安置在金庫或
   財位上，可說是財神坐鎮，以得神
   祐之無形靈動力，鎮守財庫轉化洩
   財之煞氣，收得招財進寶之效。

擺放到家中
財位或旺方

2、必須以房屋的坐向配合擺放之人的八字，請地理師或命理師以玄空大卦及奇門天星擇日法為您佈局與諏選良辰吉日，如此才能得到武財神佛基的靈動力。

3、擺放歡喜財神彌勒佛象徵有歡喜之心讓財運生生不息，其大肚有如宰相肚裏能撐船一般包容大肚，可裝盡金銀財寶廣納四方之財。

# 88、黃財神

## 開運效果：

　　黃財神，密教之護法神祇，諸財神之首，手捧吐寶鼠，黃財神是藏傳佛教各大教派普遍供養的五姓財神之一，因其身相黃色，故稱黃財神，家中擺放黃財神能增長福德、壽命、智慧、物質及精神上之受用的無形靈動力。

## 開運方式：

1、若在客廳擺放黃財神以及四方各安放一隻十二生肖琉璃精製之咬錢金鼠（吐寶鼠），可收招財進寶之靈動力。

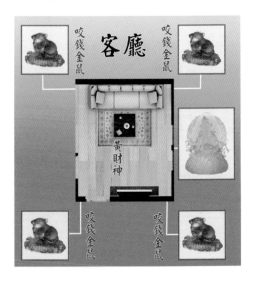

2、必須以房屋的坐向配合擺放之人的八字，請地理師或命理師以玄空大卦及奇門天星擇日法為您佈局與諏選良辰吉日，並將黃財神之密咒加入，如此才能得到黃財神的無形靈動力。

# 89、五行五靈圖

## 開運化煞效果：

中國古代的五靈是「青龍、白虎、朱雀、玄武、麒麟」，家中擺放五行五靈圖可助增加旺氣或五行陰陽偏枯而不能相生者以來使之五行相生、催生旺氣、鎮宅化煞、招財納福之效。

## 開運化煞方式：

### 五行五靈增強旺氣法

1、五靈配五方，其中麟顯中央、龍騰東方、虎處西方、鳳居南方、龜現北方，將五行五靈圖擺放在家中是富貴吉祥的象徵。

2、五行五靈圖增加家宅祥瑞之氣，具有催生旺氣、鎮宅化煞、招財納福之強大靈動力。

3、必須以房屋的坐向配合擺放之人的八字，請地理師或命理師以玄空大卦及奇門天星擇日法為您佈局與諏選良辰吉日，如此才能得到五行五靈圖的無形靈動力。

# 90、五福臨門圖

## 開運效果：

　　「五福臨門」源自《書經》：「一曰壽、二曰富、三曰康寧、四曰修好德、五曰考終命。」後人又將五福改為「福、祿、壽、喜、財」。福意為幸福美滿，祿意為高厚祿，壽意為健康長壽，喜意為歡樂喜慶，財意為發財富有。家中懸掛五福臨

門圖可讓您開門見喜五福，可以增強財源廣進、福壽雙全、招財進寶的無形靈動力。

## 開運方式：

五福臨門開運法

1、新屋入宅可在家中懸掛五福臨門圖讓您開門即見喜，帶來財源廣進、福壽雙全。店家懸掛五福臨門圖，

可以帶來財源廣進，大發利市。

2、必須以房屋的坐向配合擺放之人的八字，請地理師或命理師以玄空大卦及奇門天星擇日法為您佈局與諏選良辰吉日，如此才能得到五福臨門圖的無形靈動力。

# 91、一路蓮發功德圓滿

**開運效果:**

琉璃雕塑打磨的一路蓮發功德圓滿寓意好運連連,收藏富貴送上吉祥,使您一路連升,不斷突破,意涵仕途、財運步步高升之意,家中懸掛功德圓滿可以帶來一路連升、連發、圓滿之福氣迎門。

## 開運方式：

### 一路蓮發圓滿開運法

1、家中懸掛一路蓮發功德圓滿可以帶
　來一路連升、連發圓滿之福氣迎門。

2、必須以房屋的坐向擇取財位並配合
　擺放之人的八字喜用神和財位，請

地理師或命理師以玄空大卦及奇門
天星擇日法為您佈局與諏選良辰吉
日，如此才能得到無形靈動力。

3、一路蓮升，花開富貴，佛指飽滿一
手掌握形似一朵盛開蓮花，並蒂彩
蓮，隨波搖逸，功德圓滿，使您的
事業、財運、貴人有如花開富貴皆
大歡喜、好事成雙之意象。

# 92、開運風水油畫

## 開運化煞效果：

開運風水油畫依照住宅坐向和家中大門口與房間門口之納氣口為基準，根據主事者之八字五行喜忌，然後配合陽宅堪輿學以及易經六十四卦之卦象、先天卦氣、後天卦運，

以油畫寫真方式將風水之術融入畫中，展現出朝氣蓬勃的生命力，可以增強工作貴人運、提升人際關係、強旺運勢、改變家運的靈動力。

## 掛開運風水畫的忌諱：

玻璃反光脾氣暴躁

1、在客廳的牆上掛畫，不宜懸掛顏色太深或是意境蕭條的圖畫，會讓人產生沈重感，不利於人際關係發展。

2、懸掛山水畫時，畫中的水流方向不能朝向門外，水主財如果水流朝外，會導致財氣流失，最好有瀑布流動的水景，營造成前有水後有山的景觀將風水之學融入畫中。

3、懸掛山水畫時，不適合在辦公室座位的後方吊掛長城圖或高突的孤山峰，會從後撞擊到人之背後，這樣會沖煞到背後產生腰酸背痛，或泰山壓頂產生心境會有壓力過重造成很大的壓力。

# 93、十二生肖

## 開運化煞效果：

家中及辦公室擺放十二生肖之三合或六合，可以增加招貴人、強旺運勢、改變家運、招財進寶的無形靈動力。

## 開運化煞方式：

### 十二生肖三合開運招貴人法

　　每一個生肖都有它的三合，例如：屬馬之人，它的三合生肖是虎、狗，所以要選擇馬、虎、狗的琉璃生肖，先將紅絲線朝著虎身上繞一圈，接著再朝狗的身上也繞一圈，最後兩頭紅絲線拉回馬的身上綁好，這樣就能把貴人拉到您的身邊，同時也隔開相沖相剋的生肖，使您的運勢更加順心如意，對於姻緣、事業皆有所幫助。

# 94、關聖帝君

## 開運化煞效果：

關聖帝君是正義之神，代表經商童叟無欺，所以商家及商會都喜愛供奉關聖帝君，有道是「人無信則不立」，所以華人經商做生意的精神，講的就是正義公正，絕不做背信棄義之事，故奉之為守護之神。安奉關聖帝君可帶來鎮宅避邪、護佑平安、招財進寶、財源廣進的無形靈動力。

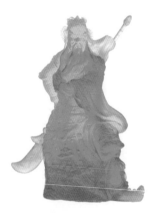

## 開運化煞方式：

關聖帝君招財進寶不論店家、辦公室或家宅都可以供奉或擺放關聖帝君，但是必須以房屋的坐向配合擺放之人的八字，請地理師或命理師以玄空大卦及奇門天星擇日法為您佈局擺放與諏選良辰吉日，如此才能得到關聖帝君公平正義的無形靈動力來護佑。

店家在吉祥方位
擺放關聖帝君

# 95、牛轉乾坤

易經曰：「坤為牛；地勢坤，君子以厚德載物。」所以牛轉乾坤具有「坤牛」之厚實和順、容載萬物、成就萬物、承載萬物的靈動力，且牛為丑，而丑又為天魁（天乙貴人）出入之門戶，代表能得貴人相助扭轉乾坤、反敗為勝。

家中或辦

274

擺放在辦公室之偏財位上

公室放置牛轉乾坤主轉敗為勝，可使正業成功以少勝多，是股票、房地產、金融、財經、銀行或投機或一夜致富或挑戰性較強的行業人員案頭必備旺財之寶。

## 開運方式：

牛轉乾坤大發牛市法

1、可以在家中或辦公室之偏財位放置琉璃精製之牛轉乾坤。

2、必須以房屋的坐向及先天卦氣與後天卦運,配合擺放之人八字之正偏財位又是其人之喜用之方位,請地理師或命理師以玄空大卦及奇門天星擇日法為您佈局與諏選良辰吉日,如此才能得到牛轉乾坤的無形靈動力。

# 96、牛勢沖天

## 開運效果：

　　牛勢沖天意指扭轉乾坤、扭轉財運，及從危險劣勢中開創新局面，反敗為勝，讓您財源滾滾來！牛市上揚吉利旺市，股市好幫手，祝您股票賺大錢。牛為丑而丑又為天魁、天乙貴人出入之門戶，故到最後將可贏得否極泰來而經得起考驗，使您的事業財運一路上揚贏贏贏、發發發，財氣旺翻天，鈔票滾滾而來。

## 開運方式：

### 牛勢沖天財運一路上揚法

1、若將牛勢沖天放在您家的生旺卦位，如此將可得到其無形的靈動力，讓您一發如雷而直沖九霄。

2、必須先請功力深厚且有經驗的法師或命理師為您的牛勢沖天做開光、

擺放在家中
生旺卦位方

點眼及請神、加持才會有靈動力的
產生。

3、華爾街銅牛象徵股票上揚，牛在攻
擊敵人時牛角由下往上頂，代表多
頭市場，牛在拖車拉貨時頭由下往
上微揚，象徵舉重上揚、務實有勁、
經得起考驗。

# 97、鷹揚天下

**化煞效果：**

　　鷹揚天下以金鷹展翅為造型，象徵俯視群倫的磅礡氣勢，展現大鵬展翅一飛沖天的

英姿，比喻前程遠大，前途不可限量，帶您事業上有高度、有氣度，天地與我一起並生，萬物與我合而為一之能量，可以提升工作運勢、讓業績一飛沖天。在風水上鷹還可以化解蛇煞、蟲煞、蜈蚣煞之用。

## 開運方式：

鷹揚天下開運法

1、鷹揚天下可幫事業通達，創業一飛
　　沖天，經商大獲成功。

2、凡是事業遇到瓶頸而欲進不能，欲
　　退不行，拓展無利而受阻之時可用
　　之。

# 98、金虎送福

## 化煞效果：

家中擺放琉璃精製之金虎送福加上四隻咬錢金虎，而成五福臨門、財源廣進、福慧財同進，不僅能夠驅凶避邪、鎮鬼禳災、吉祥如意，還可以招財進寶，廣納四方之財，不論是正財、偏財皆可財源滾滾大發利市。

## 開運化煞方式：

五虎（福）臨門開運鎮法

一山不容二虎，虎性兇猛不適合單隻擺放在家中，若能在客廳擺放金虎送福以及四方各安放一隻咬錢金虎，構成五虎（福）臨門招財鎮法，不但能招財進寶，還能夠驅凶避邪、鎮鬼禳災。

# 99、天師鍾馗

## 化煞效果：

　　鍾馗是古代著名抓鬼大師，又稱為伏魔公、伏魔爺、或鍾馗爺。道教信仰中以伏魔大帝關聖帝君、蕩魔天尊真武帝君、與驅魔真君鍾馗帝君，合稱為三伏魔帝君，為降妖伏魔的三大神祇，民間也廣泛流傳春節和端午之時，掛上鍾馗畫像避邪驅魔。

## 開運化煞方式：

天師鍾馗化煞法

1、必須先請功力深厚且有經驗的法師
為您的琉璃精製天師鍾馗做開光、
點眼及請神、加持才會有無形靈動
力的產生。

擺放在家中五黃方
位來化解五黃煞

2、必須以房屋的坐向配合擺放之人的八字,請地理師或命理師以玄空大卦及奇門天星擇日法為您佈局與諏選良辰吉日,如此才能得到天師鍾馗驅邪避凶的靈動力。

3、擺放天師鍾馗可以驅邪避凶、收妖伏魔,還化解陰煞、五黃煞、流年三煞等宅中的煞氣。

# 100、冰晶

## 開運效果：

冰晶能夠增強招財進寶的靈動力，開啟潛在的智慧及力量，可以釋放身心靈的壓力，建立無形的保護氣場，具有平衡正負、導正陰陽的治癒性、防禦性力量及化解內心壓力的憂鬱之象，還可以改善環境的磁場。

## 開運方式：

### 月光招財進寶法

1、放在家中可讓企業老闆、主管、政務主管，官運光明順利，事業飛黃騰達。

2、置於營業場所收銀機旁，或是置於辦公室之辦公桌，可招財進寶，財源廣進。

放在公司財位

冰晶

# 101、雄雌黃同體

## 開運化煞效果：

雄黃（Realgar），化學式 $As_4S_4$ ；雌黃（Orpiment），化學式 $As_2S_3$。雄黃又稱石黃或雞冠石，由於常與雌黃共生在一起，因此兩者又被稱為「礦物鴛鴦」。雄黃、雌黃主驅邪除穢氣、淨化環境磁場增添祥瑞、增加財運守財聚財。

## 開運化煞方式：

### 陰陽雌雄開運法

1、主驅邪、除穢、避凶斬陰、正氣、
　順運、撥亂反正，是力道極強的保
　護石。

2、雌黃的金色能量有聚財的功能與雄
　黃橙紅色而相映成金碧輝煌燦爛奪

目，增加正能量的磁場，達到陰陽和諧共生、共益、共贏的格局，並且達到除陰避邪驅穢、旺財、守財、生財、聚財的能量。

3、正意黃色能量為正向的尊貴力量，能消去負面能量，如陽光融雪般施行淨化。

# 102、吸金石

## 開運效果：

吸金石（Pyrite），化學式 $FeS_2$ 又稱為黃鐵礦，乃黃金之母，黃金、鉑金、白銀均產自其中。有道是「黃金有價石無價」，是華夏賞石文化中的瑰寶。吸金石集天地之靈氣，晶瑩璀璨，趨吉避凶，鎮宅避邪。

## 開運方式：

### 避免爛桃花催旺財氣法

1、在對方的生肖桃花位上，壓上一塊吸金石，就可以壓住對方的爛桃花並且催動財氣，進而達到預防爛桃花而催旺財運的效果，因桃花又主財又主人緣。

2、如果擔心自己可能也會遇到爛桃花，也可以在自己的本命桃花位壓上吸金石，也能達到同樣的效果。

放在對方的生肖桃花位上

# 103、金雲母

## 開運效果：

金雲母（Phlogopite），化學式 $KMg_3AlSi_3O_{10}(F, OH)_2$。金雲母更以具有帶著微青綠色的金黃色著名。綠色是生命之色、大地之色，在全世界綠色寶石都象徵著長壽、健康、生命，呈現著金綠色的金雲母同時具有象徵財運、富貴的金色及健康、生命的綠色。

## 開運方式：

1、放在客廳可增進福氣吉事、財運、
   官位升遷、長壽平安之靈性效能。

2、必須以房屋的坐向配合擺放之人的
   八字，請地理師或命理師以玄空大
   卦及奇門天星擇日法為您佈局與諏
   選良辰吉日，如此才能得到金雲母
   的無形靈動力。

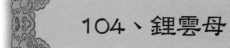

# 104、鋰雲母

## 開運效果：

鋰雲母（Lepidolite），化學式 K(Ll, Al)3(SiAl)4O10(F, OH)2。鋰雲母的紫色在各種紫色寶石中獨具特色，可增進福氣吉事、財運、長壽健康之靈性效能。

## 開運化煞方式：

1、放在客廳可增進福氣吉事、財運、長壽健康之靈性效能。

2、必須以房屋的坐向配合擺放之人的八字，請地理師或命理師以玄空大卦及奇門天星擇日法為您佈局與諏選良辰吉日，如此才能得到鋰雲母的無形靈動力。

放在客廳可增進福氣財運
長壽健康之靈性效能

# 105、三元天星綜合羅盤

## 化煞效果：

　　自古以來羅盤即被古人認為有壓煞、鎮邪、趨吉避凶之功能，本羅盤包羅萬象，為三元、三合、玄空、九星之綜合盤，搜

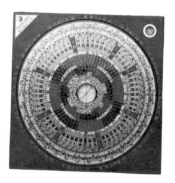

羅各家、各門派之精華於內盤，再加入玄空飛星、九星、八宅明鏡、龍門八局（乾坤國

寶）、小八門之水法及土地公福德訣，並將八卦納甲人倫法，廿四山劫曜煞、黃泉煞、八曜煞、易經六十四卦配六十甲子之先天卦氣後天卦運和線度五行吉凶，皆做有系統悉載入本羅盤內，讓您握本羅盤在手，立即知悉各門派之精華所在。

## 開運化煞方式：

### 大樓獨高孤立無援如樹大招風

1、如果選在這樣的辦公大樓中工作，容易陷入孤立無援的狀態，生意上難以得到朋友的幫助和扶持，也會使員工的流動性較大，人事無法穩定，很難留住人才。

2、在最高的樓層取一旺氣方配置三元
　天星綜合羅盤，特別注意凡動工、
　變動時，一定要以天星奇門遁甲來
　選擇良辰吉日。

# 106、葫蘆

## 化煞效果：

葫蘆在古代是用來收服妖魔鬼怪，可以避邪、收魔伏妖阻擋任何煞氣，亦有「懸壺濟世」之意涵，因「壺」與「葫」同，有行醫、健康、長生、祝壽、吉慶的意涵在其中。葫蘆主化煞避邪，可以化解房門對廁所門、房門對廚房門、神堂與浴廁門沖射等屋宅煞氣。

## 開運化煞方式：

房門對廁所門主泌尿系統不佳

1、房門對廁所門可以用六帝錢加掛長門簾，廁所門兩旁吊掛葫蘆來化解煞氣。

2、葫蘆要經由法力高深的法師請神、加持、開光及玉宸齋特製的中藥淨香末來淨

旺，以加強它的靈動力，讓它效應更神速。

# 107、桃柳檀木劍雷令寶袋

## 開運化煞效果：

桃柳檀木劍雷令福袋以向東桃枝、河流旁向東柳枝、檀香木，雕刻成劍再加入雷令與五寶，更添驅邪化煞之威力，不管是清明掃墓、探病送喪、出差旅遊、見有普渡或

車禍等事，皆不怕鬼魅纏身之擾。

## 開運化煞方式：

### 斬除小人開運法

1、可隨身攜帶桃柳檀木劍雷令寶袋以斬除小人。

2、亦可掛於汽車上，以避禍端保行車平安。

# 108、桃花寶袋

## 開運化煞效果：

桃花寶袋內有桃枝加上紅繩結，象徵姻緣千里一線牽，紅線及鉛錢（緣錢）是祈求月下老人牽紅線，相思豆象徵白頭偕老，五色水晶、五色線、玫瑰鹽、粗鹽有淨化的

作用,讓您避小人增加人緣桃花,楞嚴神咒能驅鬼避邪,桃花神符可以催旺桃花人緣、增強異性桃花。

## 開運化煞方式:

1、使用桃花寶袋可增強異性桃花、人緣桃花。

2、未婚想覓得良緣之人可以用開運桃花手工皂來沐浴調整身心,隨身攜帶桃花寶袋再增強桃花緣,還可以在居家風水上安置龍鳳呈祥加上邱比特,可增強異性緣,求得天賜良緣之能量場。

# 109、八卦平安淨身手工皂

## 開運化煞方式：

1、可驅除邪氣、淨身除穢，例如參加
喪事或到醫院探病容易遇上沖煞不
舒服者，回家後可用八卦平安淨身

手工皂洗澡淨身。

2、財神喜淨不喜髒，所以必先沐浴淨
　身把身體清洗乾淨，除去身上不潔
　的穢氣，才能燒香請神迎財神，所
　以沐浴淨身時宜用八卦平安淨身手
　工皂淨身，可淨化身靈招財氣哦！

3、外出旅遊住宿旅店怕遇上邪氣者，
　可以用八卦平安淨身手工皂洗澡淨
　身，並可持金光神咒，能驅邪避煞。

# 110、開運桃花手工皂

## 開運化煞方式：

1、使用開運桃花手工皂來沐浴可以提升人緣桃花，讓您在人際關係上能左右逢源，人氣強旺。

2、未婚想覓得良緣之人可以用開運桃花手工皂來沐浴調整身心，隨身攜帶桃花寶袋再增強桃花緣，還可以在居家風水上安置龍鳳呈祥加上邱比特，可增強異性緣，求得天賜良緣之能量場。

3、可淨化心靈、緩解精神壓力，用天然的方式調整身心，增強自信，提升自我魅力，可洗去外來招惹的爛桃花，增添比較正派的桃花運勢。

# 111、檀香木開運印鑑

## 開運方式：

奇門遁甲開運印鑑諏吉要訣

1、檀香木開運印鑑可以增強招財吉相

及文書運，利於簽約、開運，可將
存褶之印鑑改成圓章，不動產證明
改成方章，如此可助財源滾滾金玉
滿堂。

2、印相須配合八字喜用加以彌補不足
之地方。

3、整個印面須符合易經八卦原理之喜
用方位。

4、須經加持的符令和三元玄空奇門遁
甲吉課配合開印及使用，方可達到
事半功倍之成效。

# 112、植物化煞功能

## 開運化煞效果：

端午節大門插上艾草與菖蒲

風水植栽如果運用得宜，可以改善財運，化解屋宅煞氣，如艾草和菖蒲可驅邪除穢、茉草可驅邪避陰、雞冠花可功成名就、仙人掌可化煞避邪、開運竹及萬年青可開運化煞、桃花可招緣份、紫邊碧玉可納福接氣、金錢樹可招財、大葉綠蘿可淨化空氣吸食輻射生旺化煞。

# 開運化煞方式：

割腳煞反反覆覆失人和

屋宅與馬路的距離如果太近了，反而像是割掉了整棟大樓的腳一樣，稱為「割腳煞」。

割腳煞形如鐮刀

種植一排圓葉植物化解煞氣

1、在陽臺或窗口放置 3D 立體山海鎮及
   石敢當。

2、靠近水流馬路的地方，種植一些矮
   矮的圓葉植物或節節高升之植物。

3、最好是把整個住家移離路邊遠一點，
   並將住宅基址填滿。

# 113、魚缸擺設

## 開運化煞效果：

飼養金魚可
化解煞氣，牠們
可以化解有形的
煞氣於無形中，
亦可以藉有形的
金魚來化解無形

的煞氣。所謂有形的煞氣，即一般所說的「形
煞」，只要符合元運，將魚缸向著形煞處放
置便能將不好的煞氣化去，確保一家平安。

## 開運化煞方式：

### 魚躍龍門財源廣進法

1、飼養金魚化煞生旺，既需要選擇適
   合自己的魚類、品種、顏色及數目，
   除此之外，魚缸的形狀大小、放置
   高低等等都是構成化煞生旺的效果
   好壞之關鍵。

2、放置魚缸的方位亦足以影響風水之
　　靈動力，位置適當，則家宅平安、
　　財運亨通，衰頹的運勢可逐漸扭轉。

# 114、淨香末

**功效：**

　　淨香、薰香之要，在於借其因梵燒而產生氣化，藉以淨化空間以調節人體生命之基能，五行運氣，以昇華人性之心靈，得以清

淨，解脫也。

　　玉宸齋淨香末是遵古法以純中藥草精製而成，是靜坐、靈修、避邪、壓煞、收驚、開智慧的最佳聖品，可請降諸天神仙、聖佛、降真而達天人合一之境界！可使修禪習坐之人達到安魂、定魄及增加智慧而達到開悟之境界，並有鎮定之效，使用本產品將可鎮定而好入眠是安腦清心之最佳聖品。

# 115、香枝

## 功效：

　　玉宸齋各類香品皆由純天然高貴中藥遵古法精製而成，品質環保更有療身養氣、驅

邪避煞、提神去勞之作用，為了健康、為了
保護環境、為了敬神虔誠，玉宸齋香品絕對
是香之上品，值得信賴。為了保家安宅、拜
神祈福，請大家一起來用玉宸齋上乘之香品。

1、降真禪香：

　　禪香是早晚祭拜祖先、禮敬神佛最
　　佳聖品，久之必有所感應。

2、降真靈香：

　　靈香是早晚祭拜祖先、禮敬神佛最
　　佳聖品，久之必有所感應。

3、降真神香：

　　每逢初一、十五或初二、十六，焚
　　化神香，可上通於天庭三界諸內

外，而請託降真神、真佛靈下降來，
以禎吉祥祈福之香中精品。

## 4、人蔘香：

人蔘香每在逢年過節及諸神佛聖誕
之日或有要事請祈諸神佛保佑與靜
坐、禪修，可增加氣場感應。

# 116、盤香

**功效：**

　　淨香、薰香之要，在於藉其因焚燒而產生氣化，藉以淨化空間以調節人體生命之基

能，五行運氣，以昇華人性之心靈，得以清淨、解脫也。因此不管燒香拜神佛、修身練功宜選上乘之香品，增進健康，而使人神清氣爽，並以達人神皆大歡喜之無上境界。

1、小微盤香：

小微盤香是禪坐、靈修或開車長途勞累之最佳聖品，本香品有提神、醒腦、改善氣場的作用。

2、運通香環：

修身、練功、禪坐、靈修、祭祀的上乘之香品，使人神清氣爽，以達人神皆大歡喜之無上境界。

3、開運香環：

療身、養氣、禪坐、靈修、祭祀、
驅邪避煞、提神去勞焚燃此種香，
可增加氣場感應。

## 4、降真香環：

祭祀、修身、禪坐、靈修的上乘之
香品，使人神清氣爽，以達人神皆
大歡喜之無上境界。

# 117、錫製正方賜福祖先爐

## 典故：

　　中國自古就有視死如生，慎終追遠，厚葬敬祖之觀念，強調為人處事百善孝為先，珍惜先人所做的福德，因此敬奉神明會以圓型香爐，而圓為規，所以敬天以圓，祭祀祖先爐（公媽爐）

應以方型錫製爐，以四方為矩，代表外圓內方，象徵規矩之

意，亦代表乾坤之象意，元亨利貞，長幼有序，更期望子孫長期受此「方正」香火之薰陶，影響後裔子孫做人處事戰戰兢兢、不越矩、不貪圖、不犯非法之行為邪念。

祖先牌位由子孫承襲奉拜延續香火，祖先牌位需要安置妥當，應尊循古禮用四方型錫製香爐來祭拜祖先，因為福建話的諧音有「賜福」之意，代表「賜爾多福」，而普通話之音則有「惜緣」、「惜福」之含意。爐體由爐身、爐耳、爐足等三部分構成，香爐正面中央有「壽祿福」三個大字，意寓多福多壽多祿；此四方型的祖先爐（公媽爐）兩側有「爐耳」，香爐有耳意謂「有鼻祖」、「有耳孫」，「代代相傳」之意。

國家圖書館出版品預行編目資料

化煞一本通／張清淵著.
－－第一版－－臺北市：知青頻道出版；
紅螞蟻圖書發行，2014.11
面　　公分－－（開運隨身寶；12）
ISBN 978-986-5699-43-7（平裝）

1.相宅 2.改運法

294.1　　　　　　　　　　　　　103019306

開運隨身寶 12
## 化煞一本通

作　　　者／張清淵
發 行 人／賴秀珍
總 編 輯／何南輝
執 行 編 輯／張瑞蘭、張家瑜、郭德言
校　　　對／楊安妮、周英嬌、張清淵
美 術 構 成／Chris' office
出　　　版／知青頻道出版有限公司
發　　　行／紅螞蟻圖書有限公司
地　　　址／台北市內湖區舊宗路二段121巷19號(紅螞蟻資訊大樓)
網　　　站／www.e-redant.com
郵 撥 帳 號／1604621-1　紅螞蟻圖書有限公司
電　　　話／(02)2795-3656（代表號）
傳　　　真／(02)2795-4100
登 記 證／局版北市業字第796號
法 律 顧 問／許晏賓律師
印 刷 廠／卡樂彩色製版印刷有限公司
出 版 日 期／2014年11月　第一版第一刷

定價 260 元　港幣 87 元